License

輕鬆考證照

人身風險管理

概要與考題解析

1 License King

- 因應105年考試變革，納入選擇題／問答題與考題解析
- 風險管理要點＋考題解析＋考情分析＋答題技巧＋模擬考題
- 涵蓋風險管理、商品、保險規劃與經營、社保等完整體系
- 針對特考保險經紀人與個人風險管理師量身訂作

廖勇誠 著

作者序

因應 105 年專技人員保險經紀人考試變革以及保險業務更迭、商品法規變革、歷屆考題增加與統計數據變化，筆者特別著手撰寫修訂本書，並加入選擇題與問答題等考題解析與要點編撰。另外，本書納入個人風管師、經紀人考試以及作者自編之人身風險管理概要考題及考題解析，希望能夠幫忙學生、從業人員與讀者們，有效率的掌握要點並通過考試。

本書雖是風險管理，但其實涵蓋多元專業，涉及風險管理、保險商品、保險規劃、保險經營與社會保險等各層面要點，非常有助於保險學、保險經營、保險行銷與保險實務專業之提升或保險相關考試科目之準備。

另外，保險系列書籍出版後，受到很多忠實讀者們的選購、支持與鼓勵，在此特別向讀者好友們致上衷心的感謝；期望筆者的案牘勞形與勞心勞力，可以對於讀者朋友們提供更實用的幫助。另特別感謝師長們、業界長官同事們、家人與好友們的長期鼓勵與支持！最後，風險管理與金融保險學理廣泛且專業艱深，筆者雖戮力以赴，但恐有謬誤或疏漏，敬祈海內外宏達與師長專家前輩指正與見諒。

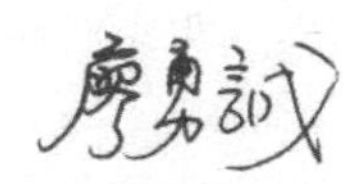

105 年 1 月

於台中

Contents

第一章　風險管理證照考情分析與答題技巧

第一節　人身保險經紀人風險管理考情分析

第二節　個人人身風險管理師證照考情分析

第三節　答題技巧分享

- ✧　考試人數多少人？及格率多高？
- ✧　主要考試範圍是？
- ✧　通過考試有何效益？
- ✧　問答題有那些答題技巧？
- ✧　選擇題有那些答題技巧？

第一章 風險管理證照考情分析與考試技巧

第一節 人身保險經紀人考情分析

一、規劃投入人身保險與財富管理產業

1.未來規劃在人身保險公司服務、壽險經代人公司服務、銀行與證券公司的壽險經代、保險部門或財富管理相關部門服務者。

2.建議：優先報考風險管理學會的個人人身風險管理師考試或壽險業務員考試，再參加考試院舉辦的人身保險經紀人特考。

二、考試資訊：保險經紀人

1.主辦單位：考試院（國家考試）

2.網址：http://www.moex.gov.tw

3.考試資訊：

(1)考試院主辦：報關保險人員特種考試（相當於普考等級）

(2)報考學歷要求：高中以上學歷

(3)報名方式：採網路線上報名

(4)考試時間：每年五月或六月

(5)申論題(問答題)、簡答題與選擇題

(6)及格標準：四科平均 60 分及格、但總成績滿 60 分及格人數未達各該類科全程到考人數 16%時，以錄取各該類科全程到考人數 16%為及格。總成績之計算，以各科目成績平均計算。各該類科考試應試科目有一科成績為 0 分或總成績未滿 50 分者，均不予及格。

4.考試科目：

證照種類	考試科目
人身保險經紀人	保險法規概要、保險學概要、人身風險管理概要、人身保險行銷概要
財產保險經紀人	保險法規概要、保險學概要、財產風險管理概要、財產保險行銷概要

5.考取後效益：

(1)得開設經紀人公司並得擔任經紀人公司簽署人，加薪幅度達1.5~2.5 萬。

(2)部分代理人或經紀人公司為鼓勵業務員參加經紀人考試，另發放獎勵金鼓勵員工。

(3)銀行保險蓬勃發展，各銀行與證券公司皆已成立產壽險代理公司或經紀公司或保險部門，考取後有助於投入銀行保險職務。

(4)通過考試後，擁有國家考試(普考資格)的專業認證，於面試求職時錄取機會迅速攀升。

三、近年考試題型統計

1.104 年之前的考試題型：人身保險經紀人人身風險管理概要之考試題型，以問答題(申論題)為主，簡答題或解釋名詞為輔。

2.105 年之後的考試題型：選擇題加上問答題；問答題可能涵蓋申論題、簡答題與解釋名詞。

四、人身風險管理概要之命題範圍統計

依據 87 年~104 年考題統計，考題範圍涉及風險管理理論、人身保險主要險種、保險契約與保險需求、市場趨勢、保險經營與社會保險等內容。

人身風險管理概要之主要考試範圍以保險規劃、保險商品與保險契約為主，約佔 49%，可見各商品險種要點非常重要。其次為風險管理理論約佔 17%，市場趨勢、保險經營與社會保險約佔 2 成。最後，保險需求評估方面則僅佔 15%。

圖 1-1 人身風險管理概要考題範圍比重統計(依題數分佈)

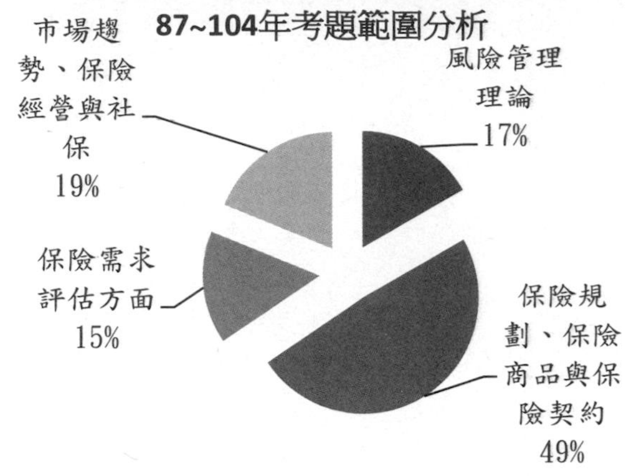

資料來源：本書依據人身保險經紀人人身風險管理概要 87~104 年考題歸納分類

五、近年保險經紀人報考人數與及格率概況

1.近年人身保險經紀人報考人數概況：人身保險經紀人之報考人數較多，每年介於420~1,040人，但到考人數佔率約為56%。

2.近年財產保險經紀人報考人數概況：財產保險經紀人之報考人數略低，每年介於370~670人，但到考人數佔率約為61%。

表 1-1 近年保險經紀人報考與到考人數統計

年度/專業別	人身保險經紀人		財產保險經紀人	
人數	報考人數	到考人數	報考人數	到考人數
101 年	424	257	375	235
102 年	447	276	419	272
103 年	657	380	500	305
104 年	1,037	612	669	420
小計	5,637	3,170	3,936	2,396
平均到考率	56%		61%	

3.近年及格率概況

(1)人身保險經紀人及格率較低，及格率介於 5.8%~36.6%。
及格率=及格人數 / 到考人數

(2)105 年實施考試新制後，及格率會大於或接近於 16%，可避免及格率波動情形。

圖 1-2 近年人身保險經紀人及格率統計

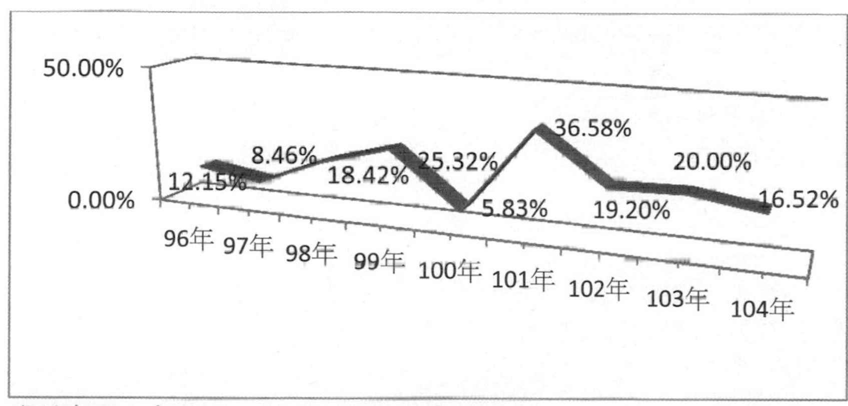

資料來源：考選部，100 年&104 年考選統計

第二節 個人人身風險管理師證照考情分析

一、考試資訊：個人風險管理師

1.主辦單位：中華民國風險管理學會

2.網站：http://www.rmst.org.tw/

3.考試時間：上半年：五月~六月；下半年：十一~十二月

4.考試型態：個人風險管理師(分為人身風險管理師及財產風險管理師兩類)：選擇題 50 分、簡答題 35 分，申論題 15 分，總分 100 分。

5.及格標準及報名費：

(1)個人風險管理師(含人身風險管理師及財產風險管理師兩類)總分 100 分，以 70 分為及格標準。

(2)報名費 1,500 元(在校生 750 元)。

6.考試科目與考試教材：

(1)人身風險管理師：人身風險管理與理財，風險管理學會主編

(2)財產風險管理師：風險管理與保險規劃，保險事業發展中心主編

7.考取後效益：

(1)部分公司針對通過者，提供獎金或加薪優惠，諸如：通過個人風險管理師者，核發獎勵金二千元。

(2)國內通過個人風險管理師的人數相對於通過產壽險業務員人數低，因此證照價值較高；另外可作為進一步報考高普考、研究所或保險經紀人特考的模擬考試，以增進專業與考試功力。

小叮嚀：

依據風險管理學會 104 年考試簡章，以下單元不列入個人人身風險管理師考試範圍，敬請讀者與考生留意。

1. 第 3 章 人身風險理財
2. 第 4 章 個人退休風險規劃
3. 第 5 章 人身保險數理
4. 第 11 章 團體保險

然而人身保險經紀人的風險管理概要，仍然將保險需求與評估(人身風險理財)、退休風險規劃、團體保險等主題納入考試範圍，因此本書仍列入內容，請報考風管學會個人人身風管師考生留意各次考試的簡章內容，自行剔除非考試範圍。

第三節 答題技巧分享

一、答題技巧分享：簡答題與問答題

1.大題大答、小題小答，切忌小題大作、大題小作

25 分的問答題，一定要比 10 分的問答題回答內容更完整。同樣的道理，千萬別將 5 分或 10 分的解釋名詞或簡答題，以 25 分的問答題或申論題答題內容應答，否則只是浪費時間。

2.先審題與構思後再下筆

方向正確後，才能得到高分，否則一步錯步步錯，白忙一場。建議先以鉛筆在題目卷上構思重要答題架構後，再進一步下筆。另外，答題內容如果有多項，建議重要的答題內容寫在前面，次要或輔助的答題內容擺在後面。

3.分項逐一列舉答題且有條理地摘要重點答題

別忘了每個問項依序回答，而且篇幅有限，一定要切入核心且有條理地針對重點答題喔，可不要風花雪月作文章！另外，建議以逐項列舉方式答題，相對而言，比較方便閱卷老師批閱分數，也可以避免漏寫或批閱疏忽，而造成分數落差。

4.答題架構須從風險管理、保險商品規範與條款、監理法規與保險理論實務切入發揮

考題範圍如果是保險商品，應切入問題核心，就該問題深入從商品條款與商品要點等層面，系統化提出整體論述。

5.精選一本書熟讀並加入其他書籍內容優點，避免答題內容精確度或範圍不足

每一本書或每一位作者，對於某些主題，常存在明顯差異。例如：投資型保險的特質，各有學說與觀點。另外，專有名詞或解釋名詞，每一本書也多有不同說法。建議考生可以熟讀一本書籍，並針對該書籍內容不足之處，透過其他書籍內容進一步補充與加強，則精確度與範圍將更加提升。

6.上課講授內容並非答題內容

許多學生把老師上課講授內容，包含舉例、個案、圖示等，全部列入答題內容，並認為應該得到滿分，其實是有偏差的。教學講授內容，為了學生便於了解，通常要透過範例說明或結合生活點滴，但答題內容卻不宜納入。例如：提及社會新

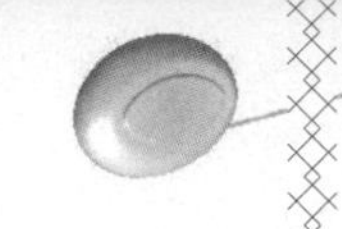

鮮人的人壽保險規劃建議，不應單純建議投保定期保險 200 萬。

7.留意時事、新商品與新頒法規

人身與財產風險管理概要科目，涉及風險管理、商品、法規問題、社會保險與保險規劃，從歷屆考古題發現時事、新商品與新頒法規列入考題的比重頗多，務必留意。例如：投資型商品與利變型商品成為主流之一、產險公司販售意外與健康險、外幣保單、微型保單與優體保單等。

8.其他

(1)答題內容盡量列舉式撰寫，千萬不要空白，也應避免長篇大論、卻未能切入核心重點。

(2)不要有錯別字、簡體字或自行造字；字要工整、少用修正液或修正帶。

(3)針對解釋名詞或重要題目，建議自己整理筆記。

(4)答題內容或舉例說明，建議以風險管理理論與保險商品要點或規範切入答題。

二、選擇題答題技巧分享

1.善用統一歸納法，增加答對機率

歸納後更容易記憶，可避免死背硬記。例如：可針對不同壽險或年金商品分類比較，更容易了解彼此特質差異。

2.留意數值，增加答對機率

選擇題很多都與數值有關，特別需要留意，諸如：RBC 比率需達 200%以上、15 日內通知要保人等。

3.留意關鍵字，增加答對機率

選擇題需多留意關鍵字，諸如：即期年金保險、投資型保險、實物給付、長期照護、重大疾病等。

4.針對限制事項或禁止事項需要特別留意

諸如：須符合的資格條件、需要符合之信評等級、禁止投資之項目、執行業務之限制等。

5.考生務必留意法令最新動態

新頒佈或新修訂示範條款、新開放的保險商品務必留意，例如：長期照護、重大疾病、實物給付、OIU 保單、個人傷害險等級修訂、準備金利率調整。

6.自己整理筆記：

邊記筆記邊背誦，更容易有系統且手到心到眼到的理解與記憶。

7.其他：

刪除錯誤答案、刪除不合理答案、刪除對保戶顯失公平答案，可增加答對機率。

第二章　風險管理理論概要與考題解析

第一節 風險管理理論概要

第二節　精選考題與考題解析

- ✧　低損失頻率與高損失幅度的風險應該如何管理？
- ✧　控制型風險管理工具包含哪些？
- ✧　財務型風險管理工具包含哪些？
- ✧　長壽風險如何管理？
- ✧　企業如何規劃風險管理？

第二章　風險管理理論概要與考題解析

第一節 風險管理理論概要

一、風險的意義與分類[1]

1.風險的意義：

損失發生的不確定性。

2.風險依照損失發生是否有獲利機會區分：

(1)純損風險(Pure Risk)：

只有損失發生機會而無獲利機會之風險，整體而言通常有一定規則地發生，諸如生病、年老、遺傳疾病、危險旅遊地區、高風險休閒活動與惡劣環境等。

(2)投機風險(Speculative Risk)：

同時有損失與獲利機會之風險，整體而言通常為不規則性的風險，諸如股票投資、不動產投資、外匯投資與進出口貿易。

3.依個人認知影響分類：

(1)客觀風險(Objective Risk)：

a.可客觀評價之風險，諸如可以死亡率或罹病率客觀評估死亡或癌症風險。

b.保險契約所承保之特定風險或事故發生與否，與要保人或被保險人無關，則該風險屬於客觀風險。

(2)主觀風險(Subjective Risk)：

a.個人主觀意識所感受到的風險，諸如心理壓力可能導致損失，但風險因人而異。

b.保險契約所承保之特定風險或事故發生與否，與要保人或被保險人攸關，則該風險屬於主觀風險。

4.依風險標的物之性質（損失發生對象）分類：

(1)人身風險(Personnel Risk)：與人類身體有關之風險，諸如：生育、年老、疾病、死亡、傷害與殘廢等。

---

[1] 參袁宗蔚，保險學，第一章；潘文章，保險學，第四章；風險管理學會，人身風險管理與理財，第一章；保發中心，風險管理與保險，第一章、鄭燦堂，第一章及 Harvey W. Rubin, Dictionary of Insurance Terms

(2)財產風險(Property Risk)：與個體所擁有財產攸關之風險，諸如：房屋建築結構差、居住地震帶、居家未安裝鐵窗、居住低窪地區、超速行駛與飆車等可能造成房屋毀損、竊盜與車禍等事故。

(3)責任風險(Liability Risk)：由於契約關係或過失侵權行為，導致依法須負擔賠償責任之風險，諸如：車禍賠償責任與執業責任。

5.風險發生與否影響個體或群體分類：

(1)特定風險(Particular Risk)：

損失發生對於個體產生影響之風險，諸如：意外死亡、殘廢、火災與車禍等事故發生通常僅對於個體產生影響；一般而言特定風險常屬於純損風險。

(2)基本風險(Fudanmental Risk)：

損失發生對於群體產生影響之風險，諸如失業、颱風、地震、海嘯與罷工等事故對於群體或整個地區產生衝擊；基本風險可能為純損或投機風險。

6.風險隨經濟、社會或科技改變與否分類：

(1)靜態風險(Static Risk)：

不隨經濟、社會或科技等改變之風險，包含自然環境或人為錯誤所致之風險，諸如：火災、地震、操作不當等。通常絕大多數的靜態風險屬於純損風險。

(2)動態風險(Dynamic Risk)：

隨經濟、社會或科技等改變之風險；諸如股票或外匯投資、社會變遷、經濟波動與民眾偏好改變風險。動態風險可能為投機或純損風險。

7.風險依照是否與財務金融攸關分類：

(1)金融風險(Financial Risk)：

由於金融市場變動的不確定性所產生的風險，包含市場風險、利率風險、信用風險、投資風險等。絕大多數的金融風險屬於投機風險與動態風險。

(2)非金融風險(Non-Financial Risk)：

風險的發生，相對上並未攸關於金融投資環境波動的不確定性，而是屬於天災人禍或人身財產等風險所導致，諸如地震、颱風、酒駕、飲食習慣不當等風險因素。

8.依照風險發生的對象分類：

(1)個人或家庭風險(Individual or Family Risk)：風險發生對象為個人或家庭。

(2)企業風險管理(Enterprisis Risk)：風險發生對象為企業。

(3)社會風險管理(Social Risk)：風險發生對象為國家、國際或整體社會。

二、 風險因素、事故與損失

1.風險因素、風險事故與損失間關係

風險因素會影響或導致風險事故，發生風險事故後可能造成損失，關係如下：風險因素→風險事故→損失。因此風險事故不會造成或影響風險因素；但風險因素會影響或導致風險事故、造成損失的原因為發生風險事故，而非存在風險因素。

2.風險因素：指足以引起或增加風險事故發生的因素。

(1)實質風險因素：

風險標的所具備足以引起損失結果或擴大損失程度的實質條件。諸如：性別、年齡、遺傳疾病、高風險職業、不當飲食、現症、既往症或居住環境等。

(2)道德風險因素：

指個人不誠實或不正直的行為或企圖，故意促使危險事故發生，以致於引起損失結果或擴大損失程度。諸如：自殺、自殘、縱火、殺害與偽照病歷詐領保險金等。[2]

(3)心理或怠忽風險因素：

指個人疏忽或消極的行為，以致於引起損失結果或擴大損失程度。諸如：因投保高額壽險，因而經常疲勞駕駛或不遵守交通規則，或個人衛生習慣差或偶有開車講手機或酒駕等行為。

---

[2]參袁宗蔚(1992)，保險學，P.18、王財驛、謝淑慧(2012)，第一章

3.風險事故：

風險事故可能為天然災害、人為事故或身體上風險事故，諸如：意外身故、長壽、生育、震災、火災、風災、水災、土石流、爆炸、偷竊、罷工與汽車撞毀等。風險事故可能為不可承保的風險事故或可以承保的保險事故。

小叮嚀：風險的種類判斷

(1)企業高層主管身故：屬於純損風險與靜態風險。

(2)失業風險：與經濟、社會變遷或科技變動攸關，又涉及整體國家社會之經濟成長、產業結構、科技或偏好變化，應歸屬於動態風險與基本風險。

(3)環境污染屬於人為所致的事故，屬於靜態風險。

(4)許多風險同時屬於個人與企業需要面臨的風險，諸如：收入損失風險、人身死亡風險或意外風險。

4.影響人身風險的三大因素[3]：

(1)人口統計學因素：諸如性別、年齡、人口分布、出生率、死亡率與學歷等。

(2)人性的因素：諸如保本需求與儲蓄投資需求。

(3)環境與生活習慣因素：諸如飲食習慣、衛生條件、工作環境、居住地區等。

5.人身風險之評估項目：

人身風險之評估項目包含道德風險、經濟的風險、休閒的風險與健康上的風險，分項列述如下：

(1)道德風險：被保險人是否可能發生道德風險或保險犯罪的情事，應加以評估與預防。

---

[3] 參風險管理學會(2001)，人身風險管理與理財，P.24

(2)經濟的風險：包含地理的危險與工作上的危險，包含職業病、高危險職業或醫療水平差的區域，對於人身風險事故與損失將產生影響。

(3)休閒的風險：從事休閒活動可能導致人身風險事故發生機會增加或損失金額增大，諸如：深海潛水、攀岩、飆車、衝浪或駕駛水上摩托車等休閒活動的風險較高，意外事故發生的頻率與幅度也較高。

(4)健康上的危險：身體上的健康不良的風險因素，也影響著保險事故的發生，諸如：高血壓、肥胖、遺傳性疾病與既往症等。

6.人身風險的種類與人身損失：

人身風險可分為健康風險、壽命風險與職業風險等三種風險，人身風險將導致實質損失並進一步造成財務損失，分析說明如後：

(1)人身風險：

a.健康風險：與不健康攸關之風險，諸如疾病或意外傷害等事故。

b.壽命風險：與生存或死亡攸關之風險，諸如老年、死亡等事故。

c.職業風險：與職業攸關之風險，諸如失業、失能、職業病或意外受傷。

(2)人身財務損失：指因為人身風險所造成的經濟上的費用損失。諸如：所得收入損失、醫療費用、喪葬費用、遺族生活費用與安養費用。

三、損失與成本的預估與衡量

1.損失預估：以機率分配理論為基礎，預估一定期間內，危險發生件數及平均損失金額；以便透過損失頻率與損失幅度等指標來預估損失情況。

2.損失頻率：指平均損失機率。

損失頻率 ＝ 發生損失單位數 / 整體單位數。

3.損失機會(Chance of loss)：指特定期間內，風險單位可能遭受損失的次數或程度。損失機率若以百分比呈現，即指損失發生的機率，與損失頻率概念相近。[4]

4.損失幅度：指平均損失金額。

損失幅度 = 損失金額 / 損失發生次數。

5.風險程度或危險程度(Degree of risk)：指發生損失的實際經驗與預期經驗變異程度。

風險程度或危險程度=
(實際損失次數-預期損失次數)/預期損失次數

6.兩群體的損失機會相同，不代表危險程度相同。

7.風險(管理)成本[5](Cost of Risk)：指管理風險之機會成本；主要包含預期損失成本、風險控制成本、風險理財成本與剩餘不確定成本；例如：風險事故發生後個人或企業可能承擔之損失、自負額、風險控制成本與保險費、行政總務費用與憂慮成本，並扣除殘餘物和保險理賠等補償。

8.人身風險的經濟成本包含不可預見損失的成本與不確定本身的成本。

(1)不可預見損失的成本：人身風險事故發生，無論生老病死傷殘事故，對於個人或家庭皆造成了經濟上的衝擊。

(2)不確定本身的成本：人身風險的不確定性，將導致恐懼和憂慮，也導致保守或裹足不前所衍生的成本。

[4]參袁宗蔚，保險學，P.21-23

[5]參風險管理學會，人身風險管理與理財，P.5-6，鄭燦堂(2008)，P.36-37，宋明哲(2007)，Ch.10，許文彥(2015)

牛刀小試1：

每10,000位旅客，一年約發生事故100次，一年總計的損失金額為1億元，請問損失頻率與損失幅度為多少？

1.損失頻率= 發生損失單位數 / 整體單位數

=100/10,000= 0.01

2.損失幅度 = 損失金額 / 損失發生次數

=100,000,000/100=1,000,000

純保費=損失頻率 x 損失幅度 =10,000元

牛刀小試2：

富樂壽險公司統計過去一年承保的100萬位旅客中，有1.9萬人發生事故，其中有6,000人申請理賠1 萬元、8,000人申請理賠2萬元、5,000人申請理賠3萬元，則損失頻率與損失幅度分別約為多少？

(a)0.019，400 元 (b) 0.019，19,500 (c) 0.019，1,950 元 (d) 1.9萬次，20,000 元

1.損失幅度

總損失金額= 6000x 1 + 8000x 2 + 5000x 3= 37,000萬

損失幅度=37,000萬/19,000=19,474元

2.損失頻率=1.9/100=0.019=1.9%

四、風險管理重要理論基礎

1.大數法則(Law of Large Numbers)

相當數量的樣本，其發生的機率有一定的法則；大數法則之運用有賴於同質性的大量危險單位之集合。例如：被保險人數愈多時，特定年齡之預期死亡率與實際死亡率會相當接近。

2.骨牌理論(Domino Theory)

骨牌理論指出風險事故的發生是經由一連串的風險因素所導致，因此為避免或減少危險事故發生的損失或機率，應

設法消除特定風險因素，以避免一連串風險因素導致事故發生。例如：意外殘廢發生是因為個人的疏忽與不當的機器操作，而個人的疏忽與不當的機器操作又由於個人或環境上的一連串不當的因素所引發。

3.能源釋放理論（Energy Release Theory）[6]

能量釋放理論認為意外事故之發生原因為能量失去控制，因此應該採取許多控制風險的措施，以降低風險事故之發生。能量釋放理論著眼於控制能量或控制傷害性能量之釋放，並透過隔離與結構改善等損害防阻方式降低損害。能量釋放理論提到的控制風險措施可摘要列舉如下：

(1)防止能量的集中
(2)降低能量集中的數量
(3)防止能量的釋放或調整能量釋放的速率和空間的分配
(4)以不同的時空，隔離能量的釋放
(5)在能量與實物間設置障礙
(6)調整接觸面與強化結構
(7)快速偵測事故，以控制損失
(8)實施長期救護行動

4.風險鍊(Risk chain)

指風險因素(hazards)→環境(environment)→交互作用(interaction)→ 結果(outcome)→後續影響(consequence)等一連串之總稱。對於風險的管理與控制可從風險鍊著手進行，可就風險鍊中的任一環節進行風險管理，以避免或減少損失發生的頻率或幅度。諸如透過風險因素的消除、作業環境改善、強化人員操作訓練、風控作業、可疑風險呈報與因應等方式控管風險。[7]

[6]參宋明哲(2007)，P.146-149；謝淑惠、王財驛(2012)
[7]參風險管理學會，人身風險管理與理財，第二章

5.風險管理的定義與原則[8]

(1)風險管理的定義：

個人或企業透過風險的確認、風險的評估與風險管理策略的選擇與執行等步驟，以最經濟的成本，達到最大的風險管理效益。

(2)風險管理的範圍：

風險管理已走向整合性風險管理，範圍已擴及純損風險、投機風險、動態風險、金融投資風險與法令風險等各領域。

(3)風險管理的原則：

a.勿冒因小失大的風險

b.勿承擔超過能力的風險

c.多考慮事故發生的可能情況

五、風險管理的步驟

1.風險的確認

確認風險之方法頗多，實務上常同時透過許多方法確認風險，以避免疏漏，摘述如下：[9]

(1)實地調查法：親臨現場勘查，以了解可能之風險。

(2)聯繫詢問法：透過調查、聯繫、詢問與訪談等，以了解可能之風險。

(3)審閱文件紀錄法：透過審閱會議紀錄、內部簽核文件與內部報表等紀錄，以了解可能之風險。

(4)流程分析法：透過各項作業流程圖，以了解可能之風險。

(5)財務報表分析法：透過各財務報表與會計師查核意見等內容，分析可能之風險。

(6)其他：契約分析法、風險列舉法、表格問卷法等。

2.風險的評估

風險的評估可透過以下指標評估：

---

[8]參袁宗蔚，保險學，第一章

[9]參袁宗蔚，保險學，第一章；風險管理學會，人身風險管理與理財，第一章；保發中心，風險管理與保險，第一章

(1)損失頻率
(2)損失幅度
(3)個人或企業本身之風險承擔能力
(4)風險成本
(5)風險程度(損失變異程度)
(6)標準差、變異係數、風險值、壓力測試、假設情境分析等方法

3.選擇並執行風險管理策略或方法

風險管理策略可分為控制型風險管理策略與財務型(理財型)風險管理策略。控制型風險管理策略指的是損失控制策略。控制型風險管理策略包含避免、損失預防與抑制或非財務上之契約移轉。其中損失抑制主要為對於損失幅度的控制，損失預防則主要對於損失頻率的控制。另一方面，財務型(理財型)風險管理策略包含自留、保險、財務上的契約移轉等策略。其中自留包含自行承擔、自己保險與專屬保險等策略。

就企業主或風險管理人員而言，控制型風險管理策略較具優先性，因為企業應優先採取可行的控制型風險管理策略降低損失發生的頻率或幅度，隨後可以再根據風險類別進一步透過財務型風險管理策略管理風險。

(1)控制型風險管理策略

a.避免：

為減少事故或損失之發生，直接透過避免方式。諸如避免從事具有風險性的活動，諸如避免從事飆車或跳傘等危險活動。

b.損失預防與抑制

(a)損失預防：降低損失發生頻率的方式，諸如：定期健康檢查、飲食定時定量、避免酒後駕車及住家加強防盜保全設施等。
(b)損失抑制：降低損失金額或降低損失幅度的方式，諸如：行車繫安全帶、騎乘機車佩戴安全帽、居家設置自動灑水系統、火災感應器及住家加強防盜保全設施等。

c.非財務上的契約移轉：透過非財務面之契約約定方式移轉風險，諸如免責約定、技術移轉或委外作業等方式。
d.其他：分散、隔離、合併等。

(2)財務型 (理財型)風險管理策略

a.自留：包含風險承擔、自己保險與專屬保險三者。

(a)自行承擔：自行承擔風險；可能因為漠視風險、忽略風險或損失幅度頻率皆過低。

(b)自己保險或自己保險基金 (Self insurance)：企業平時定期自行儲備基金或提撥基金，以備意外損失之用。自己保險需有大量的危險單位、足夠的損失資料、良好的財務狀況與管理制度。

(c)專屬保險(Captive insurance)：企業集團為節省保險費用、增加業務彈性與承保自己企業集團標的，自行設立附屬保險機構，Ex：長榮集團即成立集團本身之專屬保險公司。

b.保險：透過投保財產及責任保險、人身保險或社會保險等各種保險商品，將風險移轉給保險人；保險事故發生，可從保險人獲得理賠，以降低損失。

c.財務上之契約移轉：諸如透過巨災證券、巨災債券、遠期契約、期貨、選擇權、利率交換等衍生性金融商品，將損失移轉予其他個體。列舉部分財務上之金融移轉工具如下：

(a)巨災債券 (Catastrophe bond)：巨災債券類似於一般公司債，但巨災債券投資人不承擔發行公司之信用風險，而是承擔約定巨災事故發生的風險。巨災債券是以天然巨災之發生與否為償付條件變動的依據，債券買賣雙方透過資本市場發行債券之方式，由投資人支付債券本金進行承購，發行者則按約定支付債息，並以未來之巨災發生與否，作為後續付息及期末債券本金清償比例之依據。[10]

[10]參許文彥(2012)

(b)期貨避險：當投資人已持有股票現貨而需規避特定股票之市價下跌風險時，可在期貨市場上放空(賣出)期貨。若要規避股票市價上漲的風險，則可以買進期貨來規避風險。[11]

(c)選擇權避險：當投資人已持有股票現貨而需規避特定股票之市價下跌風險時，在選擇權市場上可買進「賣權」。若要規避股票市價上漲的風險，則可以買進「買權」來規避風險。

4.定期檢討與調整

定期檢視、檢討與控制，並進一步修訂與調整風險管理計畫，以符合時宜。

小叮嚀：

1.控制型風險管理策略著眼於損失控制，包括降低損失頻率與損失幅度方法，包含避免、預防與抑制或非財務上之契約移轉等方法。

2.財務型風險管理策略著眼於損失的資金籌措，諸如：自留、保險與財務上的契約移轉等各式方法；自留包含自行承擔、自己保險及專屬保險等。

3.損失頻率低，損失幅度高較適合以保險作為風險管理策略，因為此時才能符合可保危險之要件，不僅保費合理低廉，而且透過保險金可以彌補無法承擔之損失。

4.大型企業集團以專屬保險處理危險之理由：

(1)難以適當的保費取得保險：諸如特定產業的商業保險保費可能過於昂貴，此時透過設立專屬保險公司管理風險，可取得更經濟的成本。

(2)盈餘與成本考量：事故不發生或損失率低可以產生盈餘，事故發生可透過保險理賠彌補損失；然而企業集團規模夠大且損失控制佳，才能有經濟效益。

(3)增加承保業務之彈性：可以針對企業保險需求，量身規劃適當的保險商品與保障範圍，對於集團而言較具承保彈性。

[11]參謝劍平(2013)，第十一章~第十二章

小叮嚀：

1.風險管理應該先評估風險可否避免、若無法避免則思考能否損失控制(預防與抑制)，若仍無法控制則選擇損失自留，但針對超出承擔能力的損失，仍應設法移轉。

2.減緩風險幅度嚴重性屬於控制型風險管理工具(損失控制型策略)，包含對於損失頻率與損失幅度的控制。

3.透過成立專屬保險公司管理風險，整體上風險仍由該集團承擔，就整個集團角度來說仍為自留。

4.避免可以降低風險發生的頻率，屬於廣義的預防措施之一。

5.保險屬於風險的移轉。自行承擔或提撥準備金皆屬於財務型風險管理策略。

必考要點：

不同屬性的風險，須採用不同的風險管理方法，摘述如下：

1.損失頻率高且損失幅度高：避免、預防與抑制。

2.損失頻率高且損失幅度低：自己保險、自行承擔、損失預防。

3.損失頻率低且損失幅度高：保險、移轉與損失抑制。

4.損失頻率低且損失幅度低：自行承擔、忽略。

風險管理概念分享：

針對損失頻率高且損失幅度高，諸如飆車、衝浪或跳水等高風險活動，應避免此類冒險活動。即使堅持參與諸如飆車等冒險活動，也應該作好安全防護措施並在安全場所活動為宜，則屬於預防與抑制。

六、風險管理個案研討

1.癌症風險風險管理

(1)癌症風險的確認

定期留意相關癌症衛教、醫療、成因與徵兆資訊，瞭解個人或親友可能罹患的癌症項目，諸如：肺癌、胃癌等。

(2)癌症風險的評估

了解各項癌症發生的頻率與幅度，包含發生機率、治療方式與費用、是否復發、是否可以避免及醫療費用負擔能力。

(3)選擇並執行癌症風險管理的策略

a.控制型風險管理策略：

(a)預防：定期癌症篩檢與落實健康須知，諸如每年全身健檢、避免涉足空氣汙染場所、飲食衛生與飲食習慣的改善、生活作息正常化、良好休閒運動習慣之建立。

(b)抑制：針對已罹患癌症病患，應積極接受治療，避免病情惡化。

b.財務型風險管理策略：

(a)投保終身癌症保險、重大疾病保險及特定傷病保險。

(b)定期儲存防癌基金，作為罹患癌症時之醫療預備金。

(4)定期檢討與調整：定期癌症篩檢、追蹤與留意癌症醫療及預防資訊。

2.健康風險風險管理

健康風險主要包含疾病與意外所導致的人身風險，健康風險之管理可透過風險管理的步驟加以管理，列述如下：

(1)健康風險的確認：定期留意相關衛教與醫療資訊，瞭解可以面臨的各項疾病，諸如：腸病毒、流行性感冒、癌症及心血管疾病等。

(2)健康風險的評估：了解各項疾病發生的頻率與幅度，包含治療費用與是否復發，是否易被傳染、是否可以避免、醫療費用負擔能力。

(3)選擇並執行健康風險管理的策略

a.控制型風險管理策略：

(a)定期健康檢查與落實健康須知：諸如每年全身健檢、加強個人清潔與留意飲食衛生。

(b)預防：個人飲食習慣的改善、生活作息正常化、良好休閒運動習慣之建立、避免或減少涉足病毒肆虐場所或高意外風險場所。

(c)抑制或隔離：諸如：病人與非病人日常生活需有適當的管理或隔離，避免交叉感染以及針對已發現疾病應積極接受治療，避免病情惡化。

b.財務型風險管理策略：

(a)投保醫療保險、手術保險、意外醫療保險、長期照護保險、癌症保險、重大疾病及特定傷病保險。

(b)定期儲存健康基金，作為緊急醫療發生時之醫療預備金。

(4)定期檢討與調整：定期更新相關衛教與醫療資訊，並注意疾病或意外風險與治療方式等事項之變化。

3.長壽風險之風險管理

長壽風險可透過風險管理的步驟加以管理，列述如下：

(1)長壽風險的確認：了解平均壽命延長與人口高齡化、少子化的趨勢。

(2)長壽風險的評估：人口老化速度愈趨加快、醫療看護費用預估、退休後生活費用預估。

(3)選擇並執行各種因應長壽風險的策略：

a.控制型風險管理策略：定期健康檢查、生活作息正常化、保持持續運動習慣與增加蔬果攝取等。

b.財務型風險管理策略：退休生活方面，可投保傳統型年金保險、利率變動型年金保險與變額年金保險，並配合定期透過存款或基金儲備額外退休基金。健康保險方面，可投保終身醫療保險、重大疾病或長期照護保險。

(4)定期檢討與調整：定期檢視退休資產配置情形並定期安排健康檢查。

4.壽險公司處理道德風險因素之方法[12]

(1)公會通報制度：針對同一被保險人之新契約案件，各公司皆須向壽險公會通報，以便對於短期高額承保案件加以監控。

(2)核保：透過要保文件與核保規範，限制與減少道德危險之發生。諸如：要求業務人員填寫業務人員報告書、要求客戶的所得與投保額度相符等限制。

(3)理賠：透過每月統計分析，監控新契約或理賠之異常情形。另針對可疑之道德危險個案，透過調查或訴訟的手段處理。

(4)列為除外不保事項：對於保險犯罪行為或自殺自殘直接列為除外事項，例如：契約條款將殺害被保險人或二年內的自殺列為除外。

(5)安排再保險：透過再保險的安排與危險移轉，可以分散壽險公司的核保風險、理賠風險並穩定公司獲利。

(6)其他：同業合作或與警政機關合作等。

名詞爭議與建議：

產官學界間或不同老師間，對於風險管理很多名詞存有爭議或差異，諸如：風險管理或危險管理？風險的確認或辨識風險？風險管理策略或風險管理方式？自己保險或自我保險？純損風險或純風險？風險的衡量或風險的評估？財務型還是理財型、融資型？建議讀者或考生可依照出題老師的題目文字為主，使用文字建議與考題所用文字相同為宜。

[12] 廖勇誠(2015)，第三章

第二節 精選考題與考題解析

壹、人身風險管理師考題選編、作者自編與參考解答

一、選擇題：

D 1.風險管理是個人及家庭財務規劃的一部分，而且是最基礎的部分，範圍則著重在 A.動態風險 B.基本風險 C.投機風險 D.純粹風險。

- 純粹風險或純損風險只有發生損失的機會且較易管理。

C 2.風險管理的第一步驟為：A.損失控制 B.風險衡量 C.確認風險 D.風險避免。

- 先從風險的認識或確認風險著手。

C 3.各種危險管理措施的選擇程序為？ ①損失控制 ②危險避免 ③損失自留 ④移轉 A.①,②,③,④ B. ③,②,①,④ C.②,①,③,④ D.③,①,②,④

- 先評估與選擇危險可否避免、若無法避免則思考能否作損失控制，若仍無法控制則選擇損失自留，但針對超出承擔能力的損失或危險，仍應設法移轉。

A 4.當為了有限之預算或實際之理由時，經濟個體在選取互相衝突之風險管理方案時，經濟個體應選擇的風險管理方案 A.預期收益現值與預期成本現值差額最大者 B.預期收益現值與預期成本現值差額相等者 C.預期收益現值與預期成本現值差額最小者 D.以上皆非

- 應選擇 NPV(Net Present Value)淨現值最高者，概念上為預期收益現值扣除預期成本現值後之金額相對較高的風險管理方案。

B 5.下列何者敘述不正確？A 風險因素會影響損失幅度 B.風險事故會影響風險因素 C.風險事故為造成損失的意外事故 D.損失指非自願性的經濟價值減少

- (危)風險因素→(危)風險事故→損失
- 因此風險事故不會造成或影響風險因素；但風險因素會影響或可能導致風險事故。

D　6.風險管理對家庭有何貢獻下列敘述何者為非：A.可節省家庭之保險費支出 B.家庭中負擔生計者因獲得保障，而可努力於創業或投資，使生活水準提升 C.可使家庭免於巨災損失之影響，使其家庭功能維持一定之生活水準 D. 滿足社會責任感與建立良好的形象

- 答案D屬於企業風險管理範疇，而非家庭風險管理範疇。

A　7.下列何者屬於人身風險管理中的『控制型風險管理』方式 A.避免 B.保險 C.忽略 D.自行承擔

D　8.風險處理的策略分為控制型策略和　A.避免風險策略 B.損失預防策略　C.轉移風險策略　D.財務型策略

- 控制型策略指的是損失控制策略。財務型策略範圍包含自留、移轉等各式方法。

D　9.從危險管理之觀點所稱之危險係指 A.損失機率很高者 B.容易造成傷害之活動 C.損失機率可以預測者 D.損失發生之不確定性

- 危險：損失發生之不確定性。

D　10.投機性危險之存在，會有下列何種可能結果　A.有損失 B.無損失　C.獲利　D.以上皆是。

- 純損風險：only loss，只有發生損失之不確定性，諸如：車禍、疾病住院、死亡、地震等。
- 投機風險：gain or loss，同時有損失及獲利之不確定性，諸如：股票投資、不動產投資、外匯投資與貿易活動等。

A　11.投機性危險與純損危險之不同，在於投機性危險具有 A.獲利之可能　B.道德性危險　C.巨額損失的可能　D.以上皆非。

● 投機風險：gain or loss，同時有損失及獲利之不確定性，諸如：股票投資等。

B　12.危險控制型的危險管理措施，其目的在　A.實質危險因素　B.控制危險之損失頻率與幅度，以改善危險之性質　C.控制危險之數量　D.以上皆非。

● 風險控制包含對於損失頻率與損失幅度的控制，諸如：遵守交通規則與小心駕駛對於車禍之發生機率會降低；前後座繫安全帶有助於車禍時損失幅度的降低。

D　13.對於損失頻率高而損失幅度小的危險，下列何種危險管理組合最佳　A.損失預防+保險　B.損失預防+損失自留　C.損失抑制+保險+自負額　D.損失預防+保險+自負額。

● 損失頻率高之危險，應先行設法降低損失發生的頻率。另外由於損失幅度小，因此可以選擇損失自留或自我承擔損失，但對於超過自我承擔能力的損失，仍建議透過移轉，諸如：規劃保險來移轉危險。

C　14.下列何者非屬於保險之功能　A.損失補償　B.促進損失預防　C.社會救濟　D.減少焦慮。

● 保險與社會救助差異頗大，保險需要繳納保費、計算費率與依契約理賠給付；與社會救助差異頗大。

D　15.下列何者屬於損失抑制措施　A.消防救火　B.災後清理或出售殘餘物　C.傷者急救送醫及復健　D.以上皆是。

● 風險控制包含對於損失頻率與損失幅度的控制，損失抑制屬於損失幅度的控制，消防救火、災後清理或出售殘餘物或急救送醫等皆屬於損失幅度的降低措施。另外，損失預防則屬於損失頻率的控制，包含諸如不允許使用瓦斯爐、留意爐火操作安全與定期安檢等。

C　16.利用專屬保險公司管理風險，屬於風險管理方法中之？A.移轉　B.控制 C. 自留與承擔　D.分散。

● 透過成立專屬保險公司管理風險，概念上風險仍由該集團所成立的保險公司承擔，就整個集團角度來說，確實仍為自留與自行承擔。

B　17.下列何者不屬於風險管理之成本？　A.保險費　B.保險賠款　C.減少產量　D.安全設備支出。

● 保險費屬於風險管理的成本，但因為保險事故發生而獲得的保險理賠，則不得列入風險管理之成本，保險理賠屬於損害的補償概念。

C　18.下列何者屬於控制型的危險處理方式？　A.保險　B.危險自留　C.危險避免　D.提撥準備金。

● 避免可以降低風險發生的頻率，屬於廣義的風險預防控制措施之一。保險則屬於風險移轉。危險自留或提撥準備金皆屬於財務型風險管理措施。

A　19.吸毒對身體而言，是屬於何種危險因素？　A.實質危險因素　B.道德危險因素　C.怠忽危險因素　D.基本危險因素。

C　20.請問製造商因產品製造過程中之疏失導致消費者的傷害或死亡所應賠償之責任是屬於：A.人身風險　B.財產風險　C.責任風險　D.以上皆非

A　21.因吸煙而罹患肺癌，立即戒菸是屬於何種風險管理方法？A.風險避免　B.風險移轉　C.損失抑制 D.損失預防

D　22.天然災害如地震不屬於下列何種風險分類？　A.純粹風險　B.靜態風險　C. 客觀風險　D.特定風險

● 基本風險影響對象為群體或多數人；特定風險指風險之發生僅影響少數人。

D　23.個人風險包括　①早期死亡(早喪)　②不健康　③長壽風險(長命)　④投資理財： A.①②③　B. ②③　C. ①④　D. ①②③④

D　24.請問近年發生之大地震是屬於： A.動態風險　B.投機風險　C.特定風險　D.靜態風險

● 靜態風險包含自然環境產生的風險；地震屬於靜態風險、基本風險與純損風險。

D　25.於銀行入口處雇用警衛以嚇阻歹徒入侵是屬於： A.風險規避　B.風險移轉　C.損失抑制　D.損失預防

● 嚇阻歹徒入侵屬於損失預防(降低損失發生的頻率)。

C　26.保險法之所以將自殺、自殘、或保險利益列入，係為對何種風險進行管理?　A. 身體上的危險　B.心理上的危險　C.道德上的危險　D.隱藏性的危險

● 自殺或自殘等，皆屬於道德風險因素。

C　27.所謂風險鏈(Risk Chain)係指　①環境 ②危險因素、③交互作用、④產出結果 至後續影響一連串的總稱，順序為：A.①②③④ B.④①②③　C.②①③④　D.①③②④

D　28.人身風險中個人風險通常包括： A.早喪　B.長壽　C.不健康　D.以上皆是

A　29.一般的觀念，「全部的雞蛋勿置於同一個籃子內」，其意係指何種風險管理之方式？ A.分散　B.移轉　C.避免　D.隔離

● 透過分散多處、以減少事故發生的損失。

B　30.一般人面臨風險，其管理步驟有四：(1)風險的衡量；(2)風險的確認；(3)決策的執行與評估；(4)風險管理方式的選擇：A. 1234　B. 2143　C. 4213　D. 3412。

C　31.地震及火災災害屬於下列何種風險分類？　A.純風險/主觀風險/靜態風險　B. 純風險/主觀風險/動態風險　C.純風險/客觀風險/靜態風險　D.純風險/客觀風險/動態風險

A　32.適當的風險管理方法，其選擇必須根據決策目標與預算，並因人、因事、因地而調整，不同種類的風險往往適用於不同的管理方法，一般低頻率高幅度的風險以何種方式處理較為適當：　A.保險　B.自留　C.對沖(避險)　D.避免

C　33.一般風險自留的方式主要包括：①風險承擔 ②共同保險 ③專屬保險 ④自我保險　A. ①②③　B. ①②④　C. ①③④　D. ②③④

- 共同保險與再保險皆為保險公司對於額外風險的移轉。

D　34.銀行鼓勵貸款人購買房貸壽險，對銀行而言，是何種風險管理？　A.損失抑減　B.損失防阻　C.控制型移轉　D.理財型移轉。

- 財務型風險管理工具包含透過保險移轉風險。

D　35.就商業保險而言，下列何者為可保風險？　A.革命　B.內亂　C.通貨膨脹　D.老年生存。

- 其餘非為純損風險；屬於動態風險或政治風險。

B　36.保險契約中，針對何種風險，通常訂有自負額條款？A.損失頻率高，損失幅度大　B.損失頻率高，損失幅度小　C.損失頻率低，損失幅度大　D.損失頻率低，損失幅度小。

- 自負額可以降低小額理賠衍生之行政成本浪費。

二、 簡答題：

1.依據損失頻率與損失幅度可將風險區分不同種類的風險，請說明不同種類的風險適用於不同的管理方法

參考解答：

不同種類的風險，須適用不同的風險管理方法，摘述如下：

(1)損失頻率高且損失幅度高：避免、預防與抑制。

(2)損失頻率高且損失幅度低：自己保險、自行承擔、損失預防。

(3)損失頻率低且損失幅度高：保險、移轉與損失抑制。

(4)損失頻率低且損失幅度低：自行承擔、忽略。

2.風險的防止應從「風險鏈」(risk chain)著眼，何謂「風險鏈」(risk chain)？

參考解答：

(1)風險鍊(risk chain) 指風險因素→環境→交互作用→結果→後續影響等一連串之總稱。

(2)對於風險的管理與控制可從風險鍊著手進行，從風險鍊中的任一環進行風險管理，以避免損失發生。諸如透過風險因素的消除、作業環境改善、強化人員操作訓練與風控作業訓練、可疑風險呈報與因應等方式控管風險。

3.請分析說明人身風險的經濟成本內容。

參考解答：

人身風險的經濟成本包含不可預見損失的成本與不確定本身的成本。

(1)不可預見損失的成本：人身風險事故發生，無論生老病死傷殘，對於個人或家庭皆造成了經濟上的衝擊。

(2)不確定本身的成本：人身風險的不確定性，將導致恐懼和憂慮，也導致被迫保守或裹足不前。

4.請分析說明人身風險及其損失型態。

參考解答：

人身風險可分為健康風險、壽命風險與職業風險等三種風險，人身風險將導致實質損失並進一步造成財務損失，分析說明如後：

(1)人身風險：

a.健康風險：與不健康攸關之風險，諸如疾病或意外傷害等事故。

b.壽命風險：與生存或死亡攸關之風險，諸如老年、死亡等事故。

c.職業風險：與職業攸關之風險，諸如失業、失能、職業病或意外受傷。

(2)人身財務損失：

指因為人身風險所造成的經濟上的費用損失。諸如：所得收入損失、醫療費用、喪葬費用、遺族生活費用與安養費用。

5.在人身風險管理的運作中，危險評估可包括哪些項目？

參考解答：

人身風險之評估項目包含道德風險、經濟的風險、休閒的風險與健康上的風險。

(1)道德風險：

被保險人是否可能發生道德風險或保險犯罪的情事，應加以評估與預防。

(2)經濟的風險：

包含地理的危險與工作上的危險，包含職業病、高危險職業或醫療水平差的區域，對於人身風險事故與損失將產生影響。

(3)休閒的風險：

從事休閒活動可能導致人身風險事故發生機會增加或損失金額增大，諸如：深海潛水、攀岩、飆車、衝浪或駕駛水上摩托車等休閒活動的風險較高，意外事故發生的頻率與幅度也較高。

(4)健康上的危險：

身體上的健康不良的風險因素，也影響著保險事故的發生，諸如：高血壓、肥胖、遺傳性疾病與既往症等。

6.請說明風險管理步驟中的風險的評估或衡量，可以包含哪些指標?

參考解答：

風險的評估可透過以下方式評估：

(1)損失頻率

(2)損失幅度

(3)個人或企業本身之風險承擔能力

(4)風險成本

(5)風險程度(損失變異程度)

(6)標準差、變異係數、風險值等方法

7.一般風險自留的方法，有三項請說明之?

參考解答：

一般風險自留的方法包含風險承擔、自我保險與專屬保險三者。

(1)自行承擔：自行承擔風險，可能因為漠視或忽略風險、損失幅度頻率皆過低。

(2)自己保險：企業平時定期自行儲備基金或提撥基金，以備意外損失之用。自己保險需有大量的危險單位、足夠的損失資料、良好的財務狀況與管理制度。

(3)專屬保險：企業集團為節省保險費用、增加業務彈性與承保自己企業集團標的，自行投資設立附屬保險機構，Ex：長榮集團成立專屬保險公司。

8.請舉例說明純損風險與投機性風險。

參考解答：

(1)純損風險：只有損失發生機會而無獲利機會之風險，整體而言通常有一定規則地發生；諸如生病、年老、遺傳疾病、高危險旅遊地區、高風險休閒活動與惡劣的居住環境等。

(2)投機風險：同時有損失與獲利機會之風險，整體而言通常為不規則性的風險，諸如股票投資、不動產投資、外匯投資與進出口貿易。

9.選擇並執行風險管理之策略係利用「風險管理方法」以降低意外損失的行為,「風險管理方法」可分為兩大類:風險控制與風險理財。風險控制係試圖直接影響風險的發生;而風險理財則只是轉移承擔損失的現象,實際上並未改變風險的發生。一般而言,風險管理的方法大致上可以歸納為那四類,試說明之?

參考解答:

(1)損失預防與抑制:降低損失發生頻率或降低損失發生幅度的方式。

(2)避免:為減少事故或損失之發生,直接透過避免方式。

(3)自留:包含自行承擔、自己保險與專屬保險三者。

(4)移轉:透過保險以及簽訂契約等方式,將風險移轉予其他個體。

貳、人身保險經紀人：人身風險管理考題與參考解答

一、 解釋名詞：

1.早期死亡 (Premature Death)

參考解答：

早期死亡或早喪屬於人身保險事故，被保險人早喪將導致家庭經濟陷入困境，並導致財務損失與精神損失。諸如：父親於四十歲意外身故，導致家庭經濟陷入困境，也導致子女教養問題發生。

2.大數法則(Law fo Large Numbers)

參考解答：

相當數量的樣本，其發生的機率會有一定的法則，例如：被保險人數愈多時，特定年齡之預期死亡率與實際死亡率會相當接近。

3.純危險(Pure Risk)

參考解答：

只有損失發生機會而無獲利機會之風險，整體而言通常有一定規則地發生；諸如生病、年老、遺傳疾病、高危險旅遊地區、高風險休閒活動與惡劣的居住環境等。

4.骨牌理論(Domino Theory)

參考解答：

骨牌理論指出風險事故的發生是經由一連串的風險因素所導致，因此為避免或減少危險事故發生的損失或機率，應設法消除特定風險因素，以避免一連串風險因素導致事故發生。

二、何謂道德危險因素(Moral hazard)？ 通常壽險公司如何處理前述之危險因素？

參考解答：

1.道德危險因素指個人不誠實或不正直的行為或企圖，故意促使危險事故發生，以致於引起損失結果或擴大損失程度。

2.壽險公司處理道德危險因素之方法如下：

(1)公會通報制度：針對同一被保險人之新契約案件，各公司皆須向壽險公會通報，以便對於短期高額承保案件加以監控。

(2)核保：透過要保文件與核保規範，限制與減少道德危險之發生。諸如：要求業務人員填寫業務人員報告書、要求客戶的所得與投保額度相符等限制。

(3)理賠：透過每月統計分析，監控新契約或理賠之異常情形。另針對可疑之道德危險個案，透過調查或訴訟的手段處理。

(4)列為除外不保事項：對於保險犯罪行為或自殺自殘直接列為除外事項，例如：契約條款將殺害被保險人或二年內的自殺列為除外。

(5)安排再保險：透過再保險的安排與危險移轉，可以分散壽險公司的核保風險、理賠風險並穩定公司獲利。

(6)其他：同業合作或與警政機關合作等。

三、說明財務損失(Financial loss)與精神損失(Mental loss)之特質，並就人身方面各舉一實例說明之。再者，前述二類損失是否可納入保險之承保範圍內？試說明之。

參考解答：

1.財務損失指人身風險事故發生，所導致的經濟上的損失，包含所得收入損失、債務償還、喪葬費用、生活費用、安養費用等各項費用損失。舉例而言，被保險人意外身故，導致親人後續需要負擔喪葬費用與債務相關費用。

2.財務損失是否列為承保範圍：財務損失可透過保險給付獲得經濟上補償，諸如透過身故保險金補償經濟損失。

3.精神損失指人身風險事故發生，所導致的心靈上或精神上的損失，包含憂懼、憂慮、不安、傷痛、痛心等引發的損失。舉例而言，被保險人意外身故，導致親人後續憂慮或痛心等相關衝擊，也造成身心不適或工作錯誤率增加之可能損失。

4.精神損失是否列為承保範圍：精神損失較難列為承保範圍，尤其每項事故對於個人或家庭之精神損失，皆有不同，難以客觀衡量與評價，因此被保險人身故的精神損失難以列入承保範圍。

四、試述計畫型自留(Planned retention)中的主動自留(Active retention)，可以運用在人身保險商品中嗎？如可以，請說明之。

參考解答：

主動的自留屬於計劃型自留，保戶可以透過以下方式運用在人身保險商品中：

1.個人退休儲蓄規劃：個人可透過自己保險方式，以定期儲蓄退休基金方式規劃退休金。

2.個人健康或意外規劃：個人可透過自己保險或提撥準備金方式定期儲存健康意外基金，以支應疾病或意外傷害所需費用。

3.集團企業：專屬保險屬於自留的一種，例如：對於集團員工的人身事故，可以透過成立專屬保險公司的方式，管理集團員工之人身風險。

4.對於頻率低且幅度低的風險，在特定金額以內，可採取自行承擔損失方式。

五、試述控制型危險管理法(Risk Control Tools)及財務型危險管理法(Risk Financing Tools)的內容及主要措施。

參考解答：

1.控制型風險管理策略指的是損失控制策略，包含避免、損失預防與抑制或非財務之契約移轉等。損失抑制屬於損失幅度的控制，損失預防則屬於損失頻率的控制。

2.財務型風險管理策略範圍包含自留、保險、財務上的契約移轉等各式方法。自留包含自行承擔、自己保險與專屬保險等方法。

六、從動態危險與靜態危險、基本危險與特性危險的分類，分析失業危險的性質。

參考解答：

1.失業危險與經濟波動及社會變遷攸關，又涉及整體國家社會之產業結構與經濟經濟成長等層面問題，應歸屬於動態危險。

2.失業危險影響層面廣泛，屬於整體國家層面問題，歸屬於基本危險。

七、試以長壽風險為例，敘述如何評估長壽風險，並指出評估長壽風險必須考慮的因素，再簡述評估的方法。

參考解答：

1.長壽風險評估方式：

長壽風險起因於人口高齡化與平均壽命延長，並與少子化與小家庭制度攸關。長壽風險評估之方法如下：

(1)統計資料法：從內政部、國家發展委員會、勞動部、主計總處與國際組織之各項統計數據，可發現目前與預估未來人口高齡化趨勢，並了解人口結構的變遷、生存率變化與家庭收支。

(2)聯繫詢問法：透過對於樣本的詢問與問卷調查，了解民眾對於因應退休生活的規劃與傾向。

2.評估長壽風險必須考慮的因素：

(1)老年趨勢與健康：

了解生存率、平均餘命與罹病率等數據，並且了解老年常見身心疾病與意外傷害。

(2)經濟收入窘境：

退休後之經濟收入大幅大滑而且養兒防老頗有困難，而且目前的社會保險老年給付的所得替代率有限。

(3)老年生活費用的需要：

老年生活費用不僅需要日常生活費用，尚包含醫療費用、休閒旅遊費用、學習費用、長期照護費用與喪葬費用等費用。

(4)退休資產配置規劃：資產配置不當，將導致退休金大幅縮水，嚴重衝擊退休後生活。

(5)評估所得替代率與保障缺口：

評估與了解預計所需的退休所得金額及自身已儲蓄或投資的退休資產金額，包含社會保險與個人儲蓄投資餘額。

八、對於人壽保險而言，我們非常在乎道德與士氣的危險。就保險公司的角度來觀察，對於保險的投保客戶而言，在實務上客戶的道德危險有那些？客戶的士氣危險又有那些？請一一舉例說明之。

參考解答：

1.道德危險：道德危險因素指個人不誠實或不正直的行為或企圖，故意促使危險事故發生，以致於引起損失結果或擴大損失程度。

2.道德危險實例：諸如自殺、自殘及殺害被保險人詐取保險金之各種方式。

3.士氣的危險：可歸屬於保戶心理的怠忽所導致的危險，包含疏忽、消極的行為。面對客戶的士氣低落，連帶造成客戶的風險意識不佳、損害防阻未落實以及部門間的消極放任的風險管理態度，進而造成風險事故發生。

4.士氣的危險實例：透過對於企業客戶之宣導與激勵，強化企業客戶的各部門間的風險意識、並進而落實損害防阻與加強風險管理執行力後，可降低企業客戶的事故損失。

九、在企業危險管理中，通常企業所面臨之人身損失可來自「內部」與「外部」兩方面，請針對企業之內部人員與外部人員等兩方面，分別說明可能會造成企業那些損失？

參考解答：

企業可能之人身損失列舉如下：

1.內部人員：

(1)高階主管或重要經理人身故，造成公司經營危機與損失。

(2)內部人員的舞弊或不誠實行為。

(3)員工的身故、生病、意外等事故所造成的損失，諸如：人力不足與營業中斷。

2.外部人員：

(1)天災：颱風洪水或地震等天災事故所引發的外部人員人身危險，間接造成公司損失，諸如：委外或外部合作廠商發生人身危險與損失，將波及企業連帶造成損失。

(2)人禍：外部的人為危險事故，諸如：罷工、民眾騷擾及民眾活動等行為，也造成了企業的損失。

(3)公關媒體：媒體不實報導或人身攻擊，對於企業所產生之損失。

十、試以健康風險為例，申論個人如何進行風險管理。並分就風險控管與風險轉移進行申論。

參考解答：

健康風險主要包含疾病與意外所導致的人身風險，健康風險之管理可透過風險管理的步驟進行，步驟如下：

1.健康風險的確認

定期留意相關衛教與醫療資訊，瞭解可以面臨的各項疾病，諸如：腸病毒、流行性感冒、癌症及心血管疾病等。

2.健康風險的評估

了解各項疾病發生的頻率與幅度，包含治療費用與是否復發，是否易被傳染、是否可以避免、醫療費用負擔等。

3.選擇並執行健康風險管理的策略

(1)控制型風險管理策略：

a.定期健康檢查與落實健康須知：諸如每年全身健檢、加強個人清潔與留意飲食衛生。

b.預防：個人飲食習慣的改善、生活作息正常化、良好休閒運動習慣之建立、避免或減少涉足病毒肆虐場所或高意外風險場所。

c.抑制或隔離：諸如：病人與非病人日常生活需有適當的管理或隔離，避免交叉感染以及針對已發現疾病應積極接受治療，避免病情惡化。

(2)財務型風險管理策略：

a.投保醫療保險、手術保險、意外醫療保險、長期照護保險、癌症保險、重大疾病及特定傷病保險。

b.定期儲存健康基金，作為緊急醫療發生時之醫療預備金。

4.定期檢討與調整：定期更新相關衛教與醫療資訊，並注意疾病或意外風險與治療方式等事項之變化。

十一、請說明企業面臨人身風險（Personal risks）之類型；又非保險業之大型企業若考量以專屬保險（Captive insurance）之型態處理災害型的危險，試說明主要的理由。

參考解答：

1.人身風險之類型；

人身風險可分為健康風險、壽命風險與職業風險等三種風險，人身風險將導致實質損失並進一步造成財務損失，分析說明如後：

(1)健康風險：與不健康攸關之風險，諸如疾病或意外傷害等事故。

(2)壽命風險：與生存或死亡攸關之風險，諸如老年、死亡等事故。

(3)職業風險：與職業攸關之風險，諸如失業、失能、職業病或意外受傷。

2.大型企業集團以專屬保險處理災害危險之主要理由：

(1)難以適當的保費取得保險：諸如特定產業的商業保險保費可能過於昂貴，此時透過設立專屬保險公司管理風險，可取得更經濟的成本。

(2)盈餘與成本考量：事故不發生或損失率低可以產生盈餘，事故發生可透過保險理賠彌補損失；然而企業集團規模夠大且損失控制佳，才能有經濟效益。

(3)增加承保業務之彈性：可以針對企業保險需求，量身規劃適當的保險商品與保障範圍，對於集團而言較具承保彈性。

第三章 保險規劃、保險商品、保險契約概要與考題解析

第一節 人身保險商品規劃、商品內容與特質概要

第二節 精選考題與考題解析

- ✧ 什麼是變額萬能保險？利變壽險？
- ✧ 什麼是長期照護保險？
- ✧ 什麼是實物給付型保險？
- ✧ 什麼是外幣保單？
- ✧ 什麼是利率變動型年金？
- ✧ 違反告知義務有何衝擊？

第三章 保險規劃、保險商品、保險契約概要與考題解析

第一節 人身保險商品規劃、商品內容與特質概要

一、人身保險契約之當事人及流程

1.保險契約當事人：要保人及保險人。

2.保險契約關係人：被保險人與受益人。

3.保險輔助人：業務員與經紀人、代理人等。

4.投保流程：要保人填寫要保書並繳納保險費，透過業務人員、銀行職員或經紀人、代理人等通路完成投保作業後，由壽險公司進行核保與發單作業，投保手續才算完成。

5.給付流程：被保險人發生身故、殘廢、疾病、傷害、失智失能與生存等承保事故並提出相關申請後，由人壽保險公司給付身故保險金、全殘保險金、殘廢保險金、醫療保險金、重大疾病保險金、特定傷病保險金、長期照護保險金、生存保險金、滿期保險金、年金或實物給付。

圖 3-1 壽險之當事人、關係人與輔助人

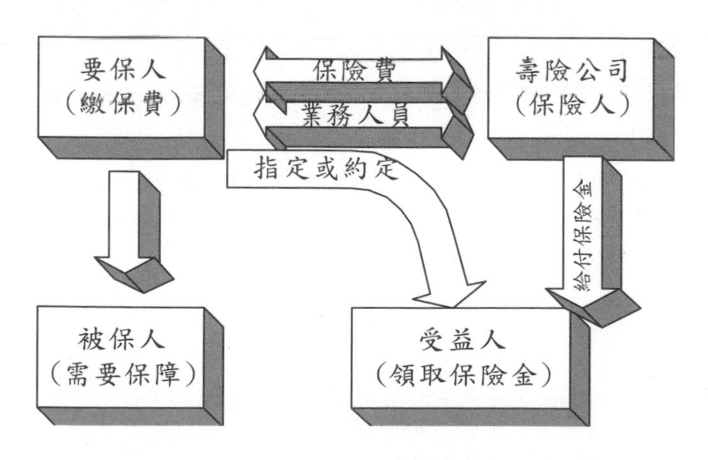

6.人身保險商品分類與功能

人身保險,簡稱壽險,依保險法第13條分類,可分為人壽保險、年金保險、傷害保險及健康保險等四種。人身保險可提供客戶保障、儲蓄、投資與節稅等功能。

名學者「胡適」說保險:

「保險的意義,只是今日作明日的準備,父母作兒女的準備,兒女幼小時作兒女長大時的準備,如此而已。今天預備明天,這是真穩健;生時預備死時,這是真曠達;父母預備兒女,這是真慈愛;不能做到這三步的,不能算作現代人!」

二、台灣壽險商品研發歷程[13]

歷年來台灣壽險業務經營以個人壽險為主軸,若依商品型態、法令規範、消費者需求與業績等要素區分,台灣壽險業五十多年來商品發展歷程,可概分為以下階段:

1.第一階段(51年~55年):此階段主要商品為生存保險。

2.第二階段(56年~60年):此階段主要商品為生死合險(養老保險)。

3.第三階段(61年~66年):此階段主要商品為多倍型保障生死合險。

4.第四階段(67年~74年):此階段主要商品為增值分紅養老保險。

5.第五階段(75年~82年):此階段主要商品型態為增值還本終身壽險。

6.第六階段(83年~85年):強制分紅壽險保單與重大疾病保險。

7.第七階段(86年~94年):多元化商品型態問市的重要階段。

---

[13]作者參酌以下文章並結合個人商品調查研究修訂。

- 夏銘賢,「台灣壽險業商品研發的演變及新趨勢」,壽險季刊,第94-95頁
- 壽險公會,人身保險業務員資格測驗統一教材,P.22~24
- 朱銘來、廖勇誠、王碧波等,人身保險經營實務與研究,第二章
- 廖勇誠,個人年金保險商品實務與研究,第二章。
- 保險事業發展中心,保險商品查詢與壽險公司網站商品資訊

投資型保單、傳統型年金保險、變額年金保險、投資型人壽保險、利率變動型年金保險相繼上市。本階段實為台灣壽險業的重要里程碑，本階段分紅保單、不分紅保單、個人傳統型年金保險、利率變動型年金保險、變額年金保險、變額壽險、變額萬能保險、萬能保險與利率變動型保險紛紛上市。

8.第八階段(95 年至今)：多元化商品爭鳴與外幣保單上市的重要階段。

分紅保單、不分紅保單、傳統儲蓄型保險、利率變動型年金、變額年金、投資型壽險、利率變動型保險與萬能壽險業績佔率逐漸擴大且已成為主力商品，此外各商品類型呈現業績互有更迭趨勢。本階段外幣保單的上市，成為本階段的重要里程碑。在本階段，外幣傳統型保單、外幣投資型保單、附保證給付變額保險商品、優體保單與微型保單等新商品也陸續上市，尤其外幣傳統型保單與外幣投資型保單已成為壽險公司的主力商品。

三、近二十年台灣壽險業主要創新商品調查摘要

(1)83 年台灣第一張「重大疾病保險」上市。
(2)84 年台灣第一張長期照護保險保單上市。
(3)85 年台灣第一張終身醫療保險上市。
(4)86 年台灣第一張傳統型年金保險上市。
(5)89 年台灣第一張投資型年金保單問市，開啟投資型保單新紀元。
(6)90 年台灣第一張利率變動型年金保險與第一張投資型壽險保單上市。
(7)92 年台灣第一張不分紅保單與分紅保單問市。
(8)93 年與 94 年台灣第一張萬能壽險與第一張利率變動型保險推出。
(9)95 年台灣第一張保證承保壽險保單上市。
(10)96 年台灣第一張附保證給付條件之變額年金商品上市。
(11)97 年台灣第一張傳統型外幣保單與第一張優體保單上市。
(12)98 年台灣第一張微型保單上市。
(13)103 年台灣第一張人民幣傳統保單上市。

(14)104 年開放外籍人士保單(OIU 保單)上市。

四、人壽保險費率計算基礎與利源

1.人壽保險費率的計算基礎

人壽保險保險費構成的要素包括純保險費、附加保險費兩部份，主要以下列三項變數為計算基礎。

(1)預定死亡率：死亡率愈高，預期死亡給付會愈高，保費將愈貴。（與保費成正比）

(2)預定利率：預定利率愈低，保單預定利息收入愈低或保單折現率愈低，保費將愈貴。（與保費成反比）

(3)預定營業費用率：費用率愈高，需要收取的費用就愈高，保費將愈貴。（與保費成正比）

2.壽險商品利潤來源三因素

(1)死差益：實際死亡率 < 預定死亡率

(2)利差益：實際投資報酬率 > 預定利率

(3)費差益：實際營業費用率 < 預定營業費用率

3.壽險責任準備金提存與生命表

(1)95 年 1 月 1 日起訂定之契約，其純保險費較 20 年繳費終身保險為大者，採 20 年繳費終身保險修正制。

(2)責任準備金在壽險公司會計報表上為負債科目。

(3)壽險責任準備金採較保守的評價基礎，通常採用較低的預定利率或較高的預定死亡率來評價。

(4)自 101 年 7 月 1 日起新銷售之人壽保險商品，其預定危險發生率，以「台灣壽險業第五回經驗生命表」為基礎，由各公司自行訂定。

(5)自 101 年 7 月 1 日起計提壽險責任準備金之壽險商品，應以「台灣壽險業第五回經驗生命表」為基礎計提。

(6)自 101 年 7 月 1 日起新銷售之年金保險商品，其預定危險發生率，以「台灣壽險業第二回年金生命表」為基礎由各公司自行訂定，計提責任準備金之生命表應以「台灣壽險業第二

回年金生命表」為基礎，並以不超過計算保險費(年金金額)之預定危險發生率為準。

五、傳統型人壽保險

1.人壽保險依險種性質可區分為死亡保險、生死合險、生存保險。

2.人壽保險依契約期間可區分為終身保險與定期保險。

3.自 92 年起，壽險業可銷售不分紅人壽保險單或以該險之經營損益為依據分紅之分紅保單。分紅保單之紅利分配應根據該公司分紅保險單的實際經營狀況，以保單計算保險費所採用之預定附加費用率、預定利率及預定死亡率為基礎，依保險單之分紅公式，計算分配的保險單紅利金額。

表 3-1 分紅保單與不分紅保單之特色比較

項目/商品型態	分紅保單	不分紅保單
分紅與否	死差益、利差益、費差益	無
分紅比例	保戶分配比例≧70%	無
保費(相同保額與保單利益)	較高	略低
適合族群	期望年年領取紅利或儲蓄的客戶	希望保費低廉且保額較高的客戶

4.強制分紅保單：93 年度起強制分紅保單走上歷史，81 年~92 年度所銷售強制分紅保單之分紅規定如下：

(1)保單紅利來源：包含死差紅利與利差紅利。

(2)利差紅利：以台灣銀行、合作金庫、第一銀行等行庫每月初牌告之二年期定期儲蓄存款最高利率之平均值與計算保險費之預定利率之差」乘以「期中保單價值準備金」計算。

(3)死差紅利：以「計算保險費之預定死亡率與核准適用於該年度的業界實際經驗死亡率之差」乘上「該保單年度一般身故保險金與期末保單價值準備金之差」計算。

表 3-2 分紅保單、強制分紅保單與不分紅保單之商品特質比較

項目/商品	分紅保單	強制分紅保單	不分紅保單
分紅項目	死差益、利差益、費差益	死差益、利差益	無
紅利分配計算	以該公司分紅帳戶之經營損益為依據分紅	依該年度業界死亡率或二年定期儲蓄存款利率分配紅利	無
分紅比例	保戶分配比例≧70%	依公式分紅	無
保費(相同保額與保單利益)	較高	略高	略低
適合族群	●期望享有保障且年年領取紅利的客戶 ●銀行活存族	●期望享有保障並領取紅利的客戶	●希望保費低廉且較高保額的客戶 ●房貸族、新鮮人族、新婚族、基本保障族

5.保單紅利選擇權：

(1)儲存生息：保單紅利儲存於壽險公司，並由壽險公司依照揭露的利率計算利息。

(2)購買增額繳清保險：以各年度紅利金額作為躉繳保費，增購保單的保險金額。

(3)抵繳保費：抵繳次期保費。

(4)現金給付。

6.保險給付選擇權：

壽險商品之保險給付除了一次給付以外，尚有以下之給付選擇權：[14]

(1)定期給付選擇：由壽險公司依約定分期給付。自分期定期給付開始日起，依分期定期保險金給付期間及預定利率將指定保險金換算成各期期初或期末應給付之金額，按約定將每期分期定期保險金給付予受益人。分期定期給付期間屆滿時，契約即行終止。例如：給付期間為25年。

(2)定額給付選擇：由壽險公司依約定金額分次給付。自分期定額給付開始日起，依約定將各期期初或期末之分期定額保險金給付予受益人。壽險公司將給付至尚未領取的分期定額保險金及利息給付完畢為止，如留有不足一期應給付金額者，將與當期給付金額一併給付予受益人，契約即行終止。例如：給付金額為每月2.5萬。

(3)年金保險給付選擇：提供終身生存年金、N年保證終身年金、退費式終身年金、利率變動型年金或變額年金保險等年金給付選擇。例如：保證15年期間的終身年金給付。

(4)儲存生息：保險給付儲存於壽險公司，並依約定利率計息，受益人可定期領取利息。

7.不喪失價值或保單價值選擇權：

保單價值準備金可持續累積、辦理保單借款、墊繳保費、解約、部分提領或部分解約、辦理減額繳清保險或辦理展期定期保險，保戶對於保單價值之選擇非常多元。

牛刀小試1：台灣近年人壽保險商品之發展趨勢：

(1)儲蓄與投資理財型商品已成主流：短期儲蓄險、變額年金保險、投資型壽險、利率變動型年金保險、利率變動型壽險與萬能壽險保單已成主力商品。

---

[14] 修訂或引用自分期給付與年金給付相關示範條款，104年2月發佈

(2)幣別多元化：外幣傳統壽險保單、外幣投資型保單、外幣利變型壽險、外幣年金保險與外幣健康險相繼上市。

(3)醫療商品多元化：因應人口高齡化與醫療科技進步，長期照護、特定傷病、終身醫療、終身癌症與終身手術等各種商品紛紛上市。

(4)特定目標市場保單問市：微型保單、優體保單、兒童保單或保證保老年保單。

(5)產險業經營短年期個人或團體健康險與傷害保險。

(6)其他：保戶給付選擇多元化、連結標的多元化。

小叮嚀：

1.由於終身保險包含終身保障、養老保險僅包含定期保障，因此終身保險之保障成份比養老保險還高。

2.減額繳清保險將保單價值準備金當作躉繳保費繳納該契約保險費。辦理減額繳清保險後，該保單的保險金額降低。

3.投保萬能保險、利率變動型壽險與利率變動型年金保險，保戶必須承擔利率風險。投保變額壽險、變額年金與變額萬能壽險，保戶必須承擔投資風險。

4.假設其他條件不變下，預定利率下降，將導致傳統壽險保費調漲。

5.還本終身保險也屬於生死合險，生死合險範圍不單純包含定期養老保險。

6.定期壽險也有現金價值，只是金額相對低。

7.定期壽險保障高、保費低，非常適合低薪的社會新鮮人或準備結婚新人投保。

表 3-3 定期壽險、終身壽險與養老保險商品特質比較

險種	優缺點	適合投保之族群
定期壽險	●優點：保費低、保障高 ●缺點：無生存還本、無終身保障、解約金低	●社會新鮮人、新婚族群 ●家庭經濟重擔 ●房貸族、信貸族
終身	●優點：終身保障、解約金	●有一定收入或資歷的上班族

險種	優缺點	適合投保之族群
壽險	穩定成長 、可選擇年年還本 ●缺點：保費較定期保險貴，儲蓄性功能弱於養老保險	之每年還本儲蓄 ●喪葬費用與遺產規劃族群 ●終身保障族群與強迫儲蓄族群
養老保險	●優點：滿期領回多、生存還本高、儲蓄性強 ●缺點：保費最貴、保障低、通常無終身保障	●中高齡族群 ●定期儲蓄族群 ●已有基本保障族群

六、投資型人壽保險

投資型保險為保險保障結合共同基金等投資標的之人身保險商品，商品名稱有變額壽險、變額年金保險與變額萬能壽險等。概念上，投資型保險將保戶所繳保費扣除相關費用後，依據客戶選擇的投資標的進行投資，並在契約期間提供保戶壽險保障或年金給付。

進一步分析，投資型保險係以累積基金單位累積保單帳戶價值。保戶繳納的保費扣除附加費用之保費餘額，壽險公司依照保戶之指定，將資金投入基金標的。未來各期保戶之所繳保費在扣除費用後，以基金單位方式累積保單帳戶價值。由於基金單位之淨值不斷隨投資績效而漲跌，因此投資型保險的保單帳戶價值每日變動，投資報酬亦隨基金淨值起伏，投資風險也需由保戶自行承擔。

投資型人壽保險具有以下特色：

1.投資風險由保戶承擔：投資型保險商品所產生的收益或虧損，大部分或全部由保戶自行承擔。

2.彈性繳費：投資型商品的繳費方式彈性，可依據自己的經濟狀況來繳費。

3.費用透明揭露：各項費用充份揭露，讓保戶可充分了解費用結構。

4.多元化投資標的選擇：投資型保險通常連結多元化投資標的，客戶可自主選擇投資標的，並可搭配免費基金轉換，定期調整資產配置。

5.保險金額可搭配保戶需求調整，以配合保戶需求。

七、投資型壽險：保障型態與門檻法則[15]

投資型人壽保險之保障型態可區分成二種型態，一種為保險金額與保單帳戶價值二者之較大值型態，另一種則為保險金額與保單帳戶價值二項額度加總型態。另外，投資型壽險須符合最低危險保額比率規範或門檻法則，以避免投資型保險之保障成分過低。金管會保險局於「投資型人壽保險商品死亡給付對保單帳戶價值之最低比率規範」明訂三個年齡層之最低危險保額比率(Net amount at Risk)，分別為30%，15%及1%。

何時需符合最低危險保額比率？依規範要求，要保人投保及每次繳交保險費時，需重新計算各契約應符合之最低危險保額比率。此外，除有最低危險保額比率限制外，壽險公司對於分期繳投資型人壽保險通常訂有保費與保額之倍數限制。例如：16歲男性之保險金額，至少需為年繳化保費之35倍，最高則限制為165倍。

表 3-4 法令摘錄：投資型人壽保險之身故保障規範比較

法規摘要
「人身保險商品審查應注意事項」 一四六、投資型保險商品計算說明書中應列示保險金額與所繳保費之關係，並列明所繳保險費之上、下限。
「投資型人壽保險商品死亡給付對保單帳戶價值之最低比率規範」 四、投資型人壽保險死亡給付對保單帳戶價值之比率，應於要保人投保及每次繳交保險費時符合下列規定：

[15] 參朱銘來、廖勇誠與王碧波等，人身保險經營實務與研究，第二章第二節

法規摘要
(一) 被保險人滿十五足歲且到達年齡在四十歲以下者，其比率不得低於百分之一百三十。 (二)被保險人之到達年齡在四十一歲以上、七十歲以下者，其比率不得低於百分之一百十五。 (三)被保險人之到達年齡在七十一歲以上者，其比率不得低於百分之一百零一。 五、前條比率，於要保人投保及每次繳交保險費時重新計算各契約應符合之最低比率……………………

八、投資型人壽保險與傳統型人壽保險比較

投資型人壽保險與傳統型人壽保險存在許多差異，最大之差異在於連結標的與風險承擔。投資型人壽保險之資金投資於共同基金等投資標的，保單帳戶價值視基金投資績效而定，投資風險由保戶自行承擔。然而，傳統型人壽保險之保費、保額、保單價值準備金與解約金等商品數值投保時即已確定，而且保費金額由壽險公司自行投資運用，投資風險由壽險公司承擔，保戶不需要負擔投資風險。

此外，保障型態方向，投資型人壽保險之保障型態分二種，甲型為 Max（保險金額，保單帳戶價值），乙型為(保險金額+保單帳戶價值)；明顯與傳統型人壽保險不同。另外，投資型人壽保險之費用充分揭露與透明化，與傳統型人壽保險存在極大差異。

另外，投資型人壽保險之保費逾期未繳，通常只要保單帳戶價值足夠扣繳各項費用，契約效力不受影響。然而傳統型人壽保險保費若未依規定時間與金額繳納，契約效力將停效，甚至終止，明顯不同。茲針對台灣投資型人壽保險與傳統型人壽保險商品特質與規範摘要比較如後。

表 3-5 投資型人壽保險與傳統型人壽保險商品適合族群比較

類型	投資型人壽保險	傳統型人壽保險
規劃目的	保障+投資+彈性	儲蓄+保障
適合那些消費者	●投資需求客戶 ●彈性繳費與彈性保障客戶 ●投資自主性高的客戶 ●兼顧保障與基金投資之客戶 ●已投保傳統保障型商品客戶	●需要強迫儲蓄客戶 ●保守或穩健型儲蓄客戶 ●兼顧保障與儲蓄需求之客戶 ●需要基本醫療、壽險與傷害保障族群 ●需要年年分紅，參與公司績效族群

表 3-6 投資型人壽保險與傳統型人壽保險商品摘要比較

商品別	變額萬能壽險	傳統壽險
商品概念	共同基金等標的+定期壽險	定期壽險、終身壽險或養老壽險
保單帳戶價值或保價金累積	●依照基金淨值與單位數累積保單帳戶價值 ●投資風險由客戶承擔	●依照預定利率等變數精算(投保時各年度保價金已精算) ●客戶不須承擔投資風險
保費繳納	彈性保費、定期繳納保費、躉繳	定期繳納保費、躉繳
費用揭露	費用明確揭露	費用未明確揭露

九、萬能壽險

萬能人壽保險為壽險保障結合繳費彈性與保額彈性，並依宣告利率累積保單價值準備金的人壽保險商品。概念上，萬能人壽保險將保戶所繳保費扣除相關費用後，依據壽險公司宣告利率累積保單價值準備金。其中，宣告利率並非保證，可能上調、下調或維持不變，宣告利率與資產區隔帳戶投資報酬率、市場利率或類似商品投資報酬率攸關。

歸納來說萬能人壽保險具有依宣告利率累積保單價值準備金、彈性繳費、保額彈性與費用充份揭露等特色。摘要如下：

1.彈性繳費：繳費金額與額度彈性，並無傳統型壽險的嚴格限制。
2.保額彈性：投保保額可隨保戶需求彈性調整，並無傳統型壽險的僵化。
3.依宣告利率累積保單價值準備金：宣告利率並非保證，可能上調、下調或維持不變，宣告利率與資產區隔帳戶投資報酬率、市場利率或類似商品投資報酬率攸關。
4.費用充分揭露：各項費用充份揭露，讓保戶可充分了解費用結構。

保障型態方面，萬能壽險同樣可區分為二種型態(甲型與乙型)，與投資型壽險類似。萬能壽險同樣需受最低危險保額比率(門檻法則)之限制。三個年齡層之最低危險保額比率如下：

(1)40歲以下最低危險保額比率=155%
(2)41~70歲最低危險保額比率=130%
(3)71歲以上最低危險保額比率=105%

表 3-7 萬能壽險商品特質摘要

項目	摘要
保障型態	●甲型：Max（保險金額,保單價值準備金*係數） ●乙型：保險金額+保單價值準備金 ●須符合最低危險保額比率(門檻法則)規範
保單貸款	可辦理保單貸款
解約	可辦理全部解約或部分解約
保額變更	可辦理保險金額變更
責任準備金提存	提存金額為保單價值準備金

項目	摘要
宣告利率	每月宣告，適用該月或全年
最低宣告利率保證	可提供最低宣告利率保證，但須增提準備金
附加費用	●躉繳：通常 0%<附加費用率≦5% ●分期繳：通常首年最高，隨後依序遞減
保險費用	每月自保單帳戶價值中扣除，扣除金額依據危險保額而定
解約費用	解約費用至少收取六年，且各年之解約費用率至少 1%
免費提領	部分商品提供每年特定比率的免費提領
利率加碼	部分公司提供
外幣保單	已有外幣收付之萬能壽險保單
主要規範辦法	人身保險商品審查應注意事項與示範條款

表 3-8 萬能壽險與變額萬能壽險主要特質比較

商品別	萬能壽險	變額萬能壽險
商品概念	定存+定期壽險 (保障+儲蓄)	共同基金等標的 +定期壽險(保障+投資)
保單帳戶價值或保價金累積	●依照宣告利率累積 ●宣告利率並非保證	●依照基金淨值與單位數累積保單帳戶價值 ●投資風險由客戶承擔
保費繳納	彈性保費、定期繳納保費、躉繳	彈性保費、定期繳納保費、躉繳
費用揭露	費用明確揭露	費用明確揭露

十、利率變動型壽險

利率變動型壽險商品概念為傳統壽險加上利差回饋概念，摘列商品特色如下：

1.繳費方式：利率變動型壽險與傳統型壽險相同，必須定期繳納保費，分為年繳、半年繳、季繳、月繳或躉繳等。

2.保單價值準備金累積：利率變動型壽險與傳統型壽險相同，各年度的保障與保單價值準備金金額投保時就已決定，但可透過宣告利率與預定利率的利差值，乘上保單價值準備金的方式，定期額外給付增值回饋分享金或增額繳清保額。

3.費用揭露：通常利率變動型壽險之各項費用項目，並未逐一明確揭露。[16]

表 3-9 萬能壽險與利變壽險主要特質比較

商品別	萬能壽險	利變壽險
商品概念	定存+定期壽險	傳統壽險+利差回饋
保價金累積	●依照宣告利率累積 ●宣告利率並非保證	●保證部分：依照預定利率等變數精算(同傳統壽險) ●利差回饋：依照宣告利率扣除預定利率回饋 ●宣告利率並非保證
保費繳納	彈性保費、定期繳納保費、躉繳	定期繳納保費、躉繳
費用揭露	費用明確揭露	費用未明確揭露

[16]萬能壽險或利率變動型壽險之解約費用收取年度至少六年，且各年之解約費用率至少 1%。利率變動型壽險之保單經過年度屆滿六年者，其依利率變動調整值計算而得之金額始得採現金給付或儲存生息方式辦理，且不得低於年給付方式。

十一、商業年金保險

保險法第135條-1規定：「年金保險人於被保險人生存期間或特定期間內，依照契約負一次或分期給付一定金額之責。」可知年金保險的定義，應以生存與否的保險事故，作為年金給付與否的標準，概念上年金保險可說是透過保險契約的方式提供客戶生存期間年金給付的商品。[17]

1.年金保險依照年金給付始期分類

年金保險依照年金給付始期分類，可分為即期年金保險與遞延年金保險。

(1)即期年金保險

即期年金保險為躉繳保費年金商品，保戶投保後當年年底或下一期就可以定期領取年金給付，非常適合屆臨退休年齡客戶或已累積足夠退休金的客戶投保。

(2)遞延年金保險

遞延年金保險的契約期間可區分為累積期間(遞延期間)與年金給付期間。保戶繳納保費後，年金保單的保單價值準備金將依據商品預定利率、宣告利率或基金淨值累積保單價值準備金或保單帳戶價值；等到年金化後進入年金給付期間，年金被保險人生存，受益人就可以定期領取終身生存年金給付，可以提供保戶活的愈久，領的越多的退休生活保障。

---

[17] 廖勇誠(2012)，個人年金險商品實務與研究，第1-2章

圖 3-2 變額遞延年金保險圖示

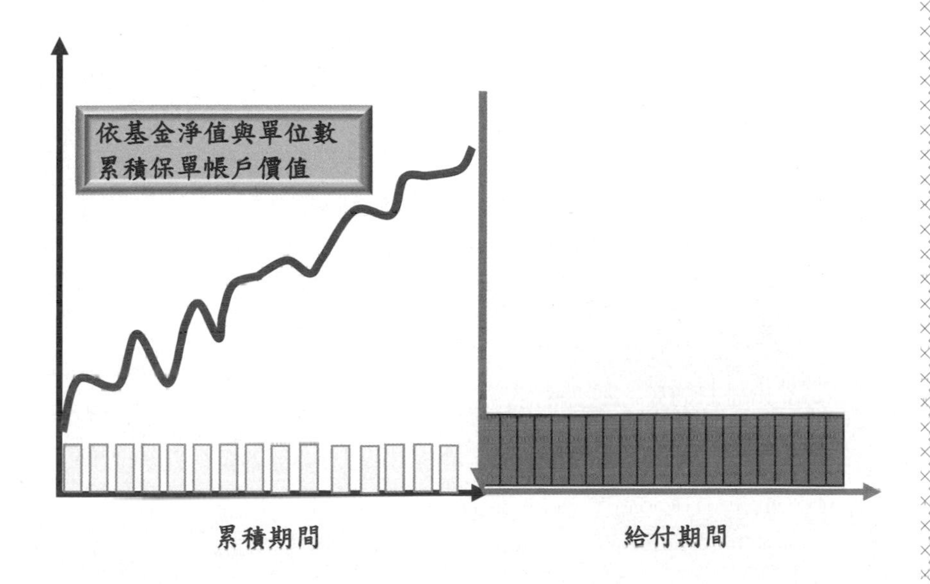

2.年金保險依照商品種類或給付單位為定額或變額分類

年金保險依照商品種類或給付單位為定額或變額分類，可以概分為傳統型年金保險、利率變動型年金保險與變額年金保險。傳統型年金保險，預定利率維持不變，並由壽險公司承擔長期利率風險；利率變動型年金之宣告利率隨市場狀況機動調整；變額年金之投資報酬率繫於實際投資績效，保戶必須自行承擔投資風險，三者明顯不同。

相較之下，利率變動型年金保險與變額年金保險屬於新型態的年金保險商品，金融理財功能較強。利率變動型年金商品，其概念類似一年定期存款或定期儲蓄存款加上終身生存年金保險保障。變額年金保險商品，其概念類似共同基金等投資標的加上終身生存年金保險保障。列舉說明如下：

(1)傳統型(遞延)年金保險：壽險公司將要保人繳交的保險費扣除費用後，依預定利率等變數精算年金保單價值準備金；遞延期滿再依年金保單價值準備金計算年金金額並給付年金。

(2)利率變動型(遞延)年金保險：壽險公司將要保人繳交的保險費扣除費用後，依宣告利率累積年金保單價值準備金；遞延期滿再依年金保單價值準備金計算年金金額並給付年金。

(3)變額(遞延)年金保險：壽險公司將要保人繳交的保險費扣除費用後，投入要保人選擇的投資標的，並依據標的淨值與單位數累積保單帳戶價值；遞延期滿再依保單帳戶價值計算年金金額並給付年金。

表 3-10 變額年金與利率變動型年金主要特質比較

商品別	變額遞延年金	利變遞延年金
商品概念	共同基金等標的+年金給付	定存+年金給付
保單帳戶價值或保價金累積	●依照基金淨值與單位數累積保單帳戶價值 ●投資風險由客戶承擔	●依照宣告利率累積 ●宣告利率並非保證
保費繳納	彈性保費、定期繳納保費、躉繳	彈性保費、定期繳納保費、躉繳
費用揭露	費用明確揭露	費用明確揭露
其他	多元化投資標的選擇、免費基金移轉、生存年金給付	費用低、IRR 高於定存、生存年金給付

資料來源：本研究

表 3-11 變額年金與還本終身險主要特質比較

商品別	變額遞延年金	年年還本終身險
商品概念	共同基金等標的 +年金給付	儲蓄+終身壽險保障
保單帳戶價值與保價金累積	●依照基金淨值與單位數累積保單帳戶價值 ●投資風險由客戶承擔	●依照預定利率等變數累積(投保時各年度保價金已精算) ●客戶不須承擔投資風險
保費繳納	彈性保費、定期繳納保費、躉繳	定期繳納保費、躉繳
費用揭露	費用明確揭露	費用未明確揭露
其他	●無身故保障 ●生存年金給付、多元化投資標的選擇	●年年還本與終身保障 ●核保作業相對繁複

3.以被保險人人數多寡分類

以被保險人人數多寡分類，年金保險可分為單生年金(Single Life Anuity)、連生年金(Joint Life Annuity)或團體年金(Group Annuity)。一般個人年金保險為單生年金保險，團體年金保險則針對 5 人以上團體承保。另外通常連生年金商品之被保險人包含二人，商品型態多元，摘述說明如下：

(1)連生年金或連生(共存)年金：年金受領人有二人以上，各該人皆生存時，保險人依照契約約定給付年金。但如其中一人死亡者，保險人不再給付年金。

(2)最後生存者年金：年金受領人有二人以上，只要其中一人仍生存，保險人仍應繼續依原定金額給付年金，至最後一人死亡為止。

(3)連生遺族年金：指年金受領人死亡後，保險人仍應繼續給付年金予指定受益人，指定受益人通常為被保險人的遺族。

十二、健康保險

健康保險主要用來彌補醫療費用及所得收入的經濟損失。健康保險商品可依保障期間、是否保證續保及保障內容，區分以下商品類型：

1.依保障期間長短：可分為一年期、定期及終身型。

2.依醫療給付方式：實支實付醫療保險或日額型醫療保險。

3.依續保條件：可分為保證續保、非保證續保。

4.依保障內容：可分為重大疾病、癌症保險、醫療費用、手術、長期照護及失能給付保險。

5.承保範圍

健康保險承保範圍包含疾病與意外所致之醫療保險事故，而且契約通常訂有疾病等待期間，諸如 30 天。主要健康保險商品之承保範圍摘要如下：

(1)實支實付型住院醫療保險：針對自行負擔之醫療費用及全民健康保險不給付之範圍提供醫療補償，給付項目包含每日病房費、手術費用、住院醫療費用等。

(2)日額給付型住院醫療保險：日額型住院醫療保險依住院天數給付各項保險金，可補償民眾病房費差額與住院期間的收入損失。依照現行規範，壽險業者推出之終身醫療(健康)保險，只可推出有給付上限之帳戶型終身醫療保險，抑或推出具有保費調整機制的終身醫療保險；實務上絕大部份業者推出的終身醫療保險屬於有上限的終身醫療保險。

(3)防癌健康保險：針對癌症治療費用設計的醫療保險商品，給付項目通常包含住院醫療日額、出院療養保險金、癌症身故保險金、初次罹癌、化療、放射線治療或其他癌症給付。

(4)重大疾病保險：當罹患重大疾病時，保險公司可立即給付重大疾病保險金，提供被保險人醫療費用與生活費用之補償。重大疾病項目包含急性心肌梗塞、末期腎病變、腦中風後殘障、癌症、癱瘓、重大器官移植或造血幹細胞移植與冠狀動脈繞道手術等七項。壽險公司推出的重大疾病保險商品可以是主約或附約型態，也可以為終身或定期型態，可以設計成人壽保險商品或健康保險商品。

(5)一年期傷害醫療保險：提供意外醫療費用補償，涵蓋意外住院與門診醫療費用補償、意外住院日額或骨折未住院日額等給付。

NEW：

- 金管會於 97 年 4 月訂定發布《財產保險業經營傷害保險及健康保險業務管理辦法》，同意產險業經營一年期非保證續保的健康險與傷害險業務；並於 104 年 12 月放寬產險業者，得經營三年期以下且不保證續保之傷害保險及健康保險。
- 實物給付型保險商品，指保險契約中約定保險事故發生時，保險公司透過提供約定之物品或服務以履行保險給付責任。實物給付型商品得採取實物給付與現金給付混合之方式設計。(104 年 7 月)
- 104 年開放 OIU 保單(外籍人士保單)。
- 傷害險殘廢等級表修訂、重大疾病修訂、開放保險給付選擇權。
- 開放外幣健康險、長期照顧保險、責任準備金利率調整等。

十三、外幣保單

依照壽險保單的保費繳付與各項給付之幣別分類，可分為外幣保單與新台幣保單。外幣保單之保費、解約金、保單貸款或保險給付皆以外幣收付。外幣傳統壽險商品與台幣收付的傳統壽險商品，差異如下：

1.預定利率與費用率等保單精算基礎不同：外幣保單責任準備金提存利率與台幣保單不同，因此預定利率不同；另外外幣保單之費用率等精算假設，與台幣保單仍存有落差，因而存有不同的給付內容與費率。

2.匯款費用負擔：外幣保單保戶可能需負擔。

3.匯率風險承擔：外幣保單保戶需負擔匯率波動風險。

4.保險給付與款項：外幣保單以外幣支付滿期金、生存金、身故保險金、保單貸款或解約金等各項給付或款項。

十四、長期照顧保險或長期照護保險[18]

經醫師診斷判定符合長期照顧狀態時，壽險公司依約定金額給付長期照顧保險金之保險商品。長期照顧狀態通常是指判定符合下列二種情形之一者：

1.生理功能障礙：進食、移位、如廁、沐浴、平地移動與更衣障礙等六項日常生活自理能力持續存在三項以上(含)之障礙：

(1)進食障礙：須別人協助才能取用食物或穿脫進食輔具。

(2)移位障礙：須別人協助才能由床移位至椅子或輪椅。

(3)如廁障礙：如廁過程須別人協助才能保持平衡、整理衣物或使用衛生紙。

(4)沐浴障礙：須別人協助才能完成盆浴或淋浴。

(5)平地移動障礙：雖經別人扶持或使用輔具亦無法行動，且須別人協助才能操作輪椅或電動輪椅。

(6)更衣障礙：須別人完全協助才能完成穿脫衣褲鞋襪。

2.認知功能障礙：被診斷確定為失智狀態並有分辨上的障礙，在意識清醒的情況下有分辨上之障礙，判定有下列3 項分辨障礙中之2 項(含)以上者：

(1)時間的分辨障礙：經常無法分辨季節、月份、早晚時間等。

(2)場所的分辨障礙：經常無法分辨自己的住居所或現在所在之場所。

(3)人物的分辨障礙：經常無法分辨日常親近的家人或平常在一起的人。

另外，考量是否符合長期照顧狀態偶有認定疑義，且符合長期照顧狀態需要符合較嚴重的病況，例如：切除單一器官或罹患特定傷病通常不符合長期照護狀態。因此許多保險業者推出類似長期照護保障功能的特定傷病保險商品，例如：針對被

---

[18]參壽險公會(2010)，人身保險業務員資格測驗統一教材第三章與長期照顧保險單示範條款條文與壽險公司長期照護保單條款。

保險人罹患特定傷病或重大殘廢時，定期給付醫療扶助或生活扶助保險金。

十五、失能所得保險

當被保險人因為疾病或意外事故而完全失能或部分失能時，依契約提供被保險人或受益人定期失能給付，以彌補被保險人所得收入之損失。[19]由於失能所得保險之業績有限，因此壽險業者常推出豁免保費型態的失能保險，當被保險人發生重大殘廢或特定傷病等事故時，被保險人或要保人不需要再支付後續的保險費，保險契約持續有效。另外，部分壽險公司針對被保險人罹患特定傷病或重大殘廢時，定期給付生活扶助保險金，也類似於國外的失能所得保險之保障概念。

十六、微型保險

微型保險為針對經濟弱勢被保險人所提供之專屬基本保障商品。由於微型保險之保障內容為一年期定期壽險、一年期傷害險或實支實付傷害醫療險，而且保險金額低，因此保費也相當低廉。經濟弱勢被保險人包含年收入偏低[20]、原住民、漁民、身心障礙者與農民健康保險被保險人等族群。通常微型保險商品具有以下特質：

---

[19] 讀者可參考失能所得保險之要點如下：
(1)失能保險都有免責期間(等待期間)：通常失能所得保險會約定3~6月的免責期間，在免責期間內，壽險公司不給付被保險人或受益人任何失能給付。免責期間實為自負額概念，可以排除一些短期失能事故或非失能之一般疾病意外事故。
(2)完全失能或推定失能條款(presumptive disability clause)：若被保險人符合契約要求的視力聽力重度障礙或殘廢情況(雙眼失明、雙手殘廢、雙腳殘廢等)，則契約推定被保險人符合完全失能狀態。
(3)部分失能或殘餘失能給付(residual benefit)：被保險人雖然無法勝任原來職務，但仍可從事其他工作，但是薪資較低；其給付公式為：部分失能給付金額=(減少的收入/原來的收入)x 每月全部失能給付金額。參壽險管理學會(2011)； Kenneth Black, JR., Harold Skipper(1994)；廖勇誠(2016)

[20]依照 103 年人身保險業辦理優體壽險業務應注意事項，全年個人所得低於 35 萬或夫妻二人所得低於 70 萬符合低收入之標準。

1.商品僅提供經濟弱勢被保險人「基本」的保障，例如：50 萬元身故保障，3 萬元之實支實付傷害醫療保障。
2.商品以一年期傳統型定期人壽保險、一年期傷害保險或一年期實支實付傷害醫療險為主。
3.商品設計簡單，僅承保單一保險事故。
4.商品內容不含有生存或滿期給付之設計。

十七、傷害保險

1.意外事故之定義：非由疾病引起之外來突發事故。
2.傷害保險之保費計算，主要決定於被保險人之職業等級；職業等級區分為六個職業等級。
3.殘廢保險金理賠：依照殘廢等級表理賠、殘廢程度區分成 11 級 79 項。
4.傷害保險契約通常無所謂等待期間。
5.被保險人之職業等級變更為較高等級，屬於危險之增加，依條款規定依照保費比例理賠。
6.旅行平安保險的保險期間最長以 180 天為限。
7.旅行平安保險販賣的對象以實際從事旅遊的國內外旅客為限，投保時不須作身體檢查而且可以單獨出單。

十八、團體保險

團體保險承保對象為員工數或成員數超過 5 人的公司、組織或機構。團體保險以一張保單，承保一個團體所有成員。團體保險依據整個團體的性別與年齡等因素評估費率，未來並採取經驗費率方式，定期調整保費水準。如果過去年度理賠經驗不佳，將影響未來該團體適用的保險費率；反之，如果過去年度理賠經驗良好，則保險公司將透過經驗退費方式，返還部分保費並調降未來適用的保險費率。另外受限於企業預算與團體需求，台灣的團體保險以一年期保險為主軸，普遍無長年期保險商品之設計、也無儲蓄還本的設計。

團體保險的保費繳納多採取薪資扣繳方式，公司付費之團體保險保費由公司負擔、並以員工為被保險人及員工家屬為受益人。公司付費團體保險之給付除可抵充雇主責任外，更可增進員工福利。另外，員工自費投保的團體保險，可由員工依個人或家庭保障需求，自由選擇是否投保以及投保方案別，且多透過每月員工薪資扣繳方式繳納保費。

第二節 重要壽險示範條款摘錄說明[21]

一、寬限期條款

1.訂定寬限期間之理由：考量壽險契約為長期契約而且儲蓄功能強，若因保戶一時的逾期繳費，就導致契約停止效力，對保戶保障顯然不利，也違背最大誠信契約之理念。因此壽險契約訂立寬限期間，提供保戶繳納保費的融通期間。

2.寬限期間：

(1)年繳、半年繳：催告到達日後30天內。

(2)季繳、月繳(現金繳費等自行繳費方式)：應繳日後30天內。

(3)季繳、月繳(自動轉帳扣款等約定)：催告到達日後30天內。

3.理賠責任：逾寬限期間仍未交付保費，壽險契約效力停止(停效)；停效期間被保險人發生保險事故，壽險公司不負賠償責任。

二、復效條款

1.保單因為逾寬限期間保費未繳催告後仍不繳費、保單價值準備金不足墊繳且催告後仍不繳費、保單貸款本息超過保單價值準備金且通知後仍不還款，保險契約停止效力；但保戶可在半年內，不需提出可保證明文件，即可辦理復效，壽險公司不得拒絕保戶的復效申請。另外若超過半年且在二年內，才申請復效，則需提出可保證明文件，例如：提出體檢報告與病歷資料，並經壽險公司審查後，才可辦理復效；因此壽險公司可以不同意保戶的復效申請。

2.停效六個月內辦理復效(簡單復效)：不需提出可保性證明即可復效。

3.停效六個月後~二年內辦理復效(核保復效)：保戶需提出可保性證明；若被保險人體況不佳或不同意壽險公司提出之特別承保條件，壽險公司可拒絕其復效申請。

---

[21] 廖勇誠(2014)

4.辦理復效，保戶需要補繳停效期間的儲蓄保費並加計利息，概念上即為補繳保單價值準備金差額。

三、告知義務條款

1.不可抗辯條款之精神或目的：限期內確認保險契約當事人之權利義務關係。

2.本條依據為保險法第 64 條。告知不實之法律學理：危險估計說+因果關係說；包含足以變更或減少壽險公司對於危險的估計而且危險的發生係基於其未說明或隱匿遺漏的事實。

3.壽險契約僅要求要保人與被保險人在訂立契約時就書面詢問事項，應盡告知義務；並未要求辦理復效時，需要善盡告知義務。

4.對於業務人員之口頭詢問或非要保書告知事項之詢問與回覆，原則上不須適用不可抗辯條款。

5.壽險公司行使解除權之期間限制(除斥期間)：訂立契約後二年內或知悉後一個月內。

6.壽險公司解除契約後，壽險契約效力追溯至訂立契約時消滅，而且壽險公司無須退還保戶累積所繳保費。

四、十五歲以下或弱勢被保險人之理賠

1.為保護弱勢族群並減少道德危險事故發生，保險法令針對未滿 15 足歲之孩童、精神障礙或心智缺陷被保險人之理賠金額，訂有身故理賠金額限制。

2.依據保險法 107 條與示範條款，以未滿 15 足歲之未成年人為被保險人之壽險保單，其身故保險金理賠金額為所繳保費加計利息或所繳保費；完全殘廢保險金仍依照保險金額或契約約定金額理賠。

3.依據保險法 107 條與示範條款，以精神障礙或心智缺陷被保險人投保壽險保單，其身故保險金名稱改為喪葬費用保險金，賠償金額不得超過遺贈稅法之遺產稅喪葬費用扣除額的 50%。

第三節 精選考題與考題解析

壹、人身風險管理師考題選編、作者自編與參考解答

一、選擇題：

D　1.比較健康與傷害保險，下列敘述何者為非？A.健康險的承保範圍較大 B.健康險所需考量的核保面向較廣 C.健康保險示範條款的除外事項較多 D.傷害險契約有等待期間的規定，而健康險則無

- 健康險承保範圍包含疾病與意外所致之醫療保險事故且健康險訂有疾病等待期間，諸如 30 天，傷害險契約則無所謂等待期間。

B　2.要保人對於保單價值，隨時按其需要選擇運用方式稱為 A.禁止抗辯條款 B.選擇權條款 C.寬限期條款　D.保單貸款條款

- 保單價值準備金選擇權條款：諸如：保單價值準備金之持續累積、辦理保單借款、墊繳保費、解約、辦理減額繳清或展期定期保險，選擇非常多元。

C　3.下列「重大疾病保險」敘述何者有誤 A.死亡保險金可提前給付 B.可以附約方式投保 C.不可以主約方式投保 D.以主管機關核定七項重大疾病為主要內容

- 重大疾病保險當發生重大疾病時，可以立即給付重大疾病保險金，而且重大疾病保險商品包含主約或附約型態。

A　4.甲有壽險保單保額 100 萬和依據實際費用給付之醫療保單，請問下列何者正確？A.壽險保單是定值契約，醫療保單是補償契約 B.壽險單是補償契約，醫療保單是定值契約 C.兩種皆為補償契約 D.兩種皆為定值契約

- 壽險契約為定額保險契約，實支實付型醫療保險與產物保險相近，屬於損害補償契約。

B　5.健康保險常見的保險商品不包含 A.醫療費用保險 B.終身壽險 C.失能所得保險 D.重大疾病保險

● 終身壽險屬於人壽保險；重大疾病保險可能為健康保險或健康保險與人壽保險二者的綜合險。

B　6.緊急用基金、教育基金、退休基金是屬於下列個人財務計劃中的那一種？ A.風險管理計劃 B.儲蓄和投資計劃 C.遺產計劃 D.現金流量規劃

● 緊急用基金、教育基金與退休基金，皆與儲蓄或投資理財攸關。

C　7. 以下敍述何者有誤？ A.生死合險同時提供生存或死亡給付 B.還本型壽險可用於子女教育基金或退休養老儲蓄 C.定期壽險無現金價值 D.遞減定期壽險適合有房屋貸款的保戶

● 還本終身保險也屬於生死合險，生死合險不僅包含定期養老保險。

● 定期壽險也有現金價值，只是金額相對低。

D　8.個人財務規劃終其一生如果只需要壽險保單，此保單提供彈性保費支付和死亡保額給付，因此適合作為個人生命週期的保單者是：A.定期壽險 B. 30 年養老保險 C. 20 年繳費終身壽險 D.萬能壽險

● 萬能壽險的萬能，包含彈性繳費與彈性提領、保額隨需求增減等彈性。

B　9.小李現年 25 歲，剛找到一份工作，月薪 3 萬元，並準備與女友結婚。請問小李適合的保單為？　A.生死合險　B.定期壽險　C.終身保險　D.年金保險。

● 定期險保障高、保費低，適合收入偏低且支出比重高的社會新鮮人或準備結婚新人投保。

B 10.對於儲蓄僅足以維持一個人生活的年老夫妻而言，下列何種年金較適合？ A.單生年金 B.連生年金 C.連生及生存者年金 D.連生及二分之一年金。

● 連生年金(連生共存年金)在夫妻兩人都生存的人生階段，提供生存年金給付。任一方身故，則年金給付停止，此時可以儲蓄支應老年生活所需。

B 11.不論實際發生之醫療費用為若干，每次就診，被保險人均須負擔一定金額的醫療費用，此為? A.定率負擔制 B.定額負擔制 C.免責額制 D.以上皆非

D 12.何謂利差益? A.預定之管理費用低於實際之管理費用之差益 B.投資報酬率低於預定利率之差益 C.預定死亡率高於實際死亡率之差益 D.投資報酬率高於預定利率之差益

B 13.指數年金(EIA)是一個相當受到注意的商品，以下那些是指數年金的投資目標？(1)本金的安全性;(2)保證報酬率；(3)短期投資；(4)資產報酬： A.1234 B.124 C.134 D.234。

● 指數年金保險提供最低利率保證，長期並可連結特定指數漲跌計算指數利息。因此只有短期投資並非指數年金之投資目標。

A 14.張先生為自己投保新台幣 100 萬元保額的定期壽險，若其在契約有效期間內因意外事故而致十足趾缺失，則可獲得的殘廢保險金為新台幣多少元？A.無給付 B. 10 萬元 C. 50 萬元 D. 100 萬元

● 全殘廢時，定期壽險才能給付；部分殘廢，定期壽險並無給付，傷害保險才有部分殘廢保險金之給付項目。

C 15.有關人壽保險之敘述，下列何者錯誤？A.生存保險之被保險人於契約有效期間內死亡，無保險給付 B.生存保險又

稱儲蓄保險 C.定期壽險於保險期間若無保險事故發生，壽險公司不需理賠，惟應退還所繳保險費 D.生死合險又稱養老保險

● 定期壽險契約期滿，不需退還任何保險費。

A 16.在編製家庭財務報表時，下列那一種保費的支付，其保單現值的增加額可當作資產的累積？A.養老險 B.失能險 C.意外險 D.全民健康保險

● 養老保險儲蓄功能較強，保單價值準備金累積較多。一年期醫療險或失能保險、全民健康保險或傷害險皆屬於消耗型或費用型保險商品。

D 17.一個完整的退休規劃，應包括工作生涯設計、退休後生活設計及自籌退休金部份的儲蓄投資設計，下列何者非這三項設計的最大影響變數？A.通貨膨脹率 B.薪資成長率 C.投資報酬率 D.貸款利率

● 貸款利率與退休儲蓄規劃關聯性極低。

B 18.剛結婚所得不高，但又是家中主要經濟來源的年輕上班族，宜選擇下列何種保險商品，以兼顧其經濟負擔與家庭保障? A.儲蓄保險 B.定期壽險 C.養老保險 D.年金保險

● 定期壽險保費低且保障高，非常適宜低所得的年輕族群投保。

C 19.有關變額壽險之敘述，下列何者錯誤？ A.可由要保人自行選擇投資標的 B.要設置專設帳戶管理 C.要保人無須承擔投資風險 D.保險金額及現金價值由投資績效而定

● 投資型保險需由要保人承擔投資風險，明顯與傳統壽險不同。

C 20.目前國內重大疾病保險所保障的疾病項目，不包括下列何者？A.癌症 B.心肌梗塞 C.老年癡呆症 D.尿毒症

● 老年癡呆症非七項重大疾病之列，但未來可能成為重要給付疾病喔，不可不慎。

D 21.下列何種年金險，適用於已擁有大筆資金，想直接轉換為分期給付之退休所得者？A.定期壽險 B.分期繳費遞延年金保險 C.遞延年金保險 D.即期年金保險

● 即期年金保險採躉繳保費，且次年立即可以領取年金給付。

D 22.有關理財規劃，下列敘述何者正確？A.退休金不必規劃，可依賴國民年金 B.養兒防老，故應準備子女養育金，不需準備退休金 C.因應健保費調漲，更應該到大醫院去看病 D.子女養育金與退休金規劃皆應趁早

● 子女養育金與退休金規劃皆應趁早—最合理。

A 23.人壽保險契約之內容由保險公司一方所決定，要保人只有依保險公司所定之條款決定是否同意訂立契約的自由，並無討價還價餘地，因此稱保險契約為： A.附合契約 B.射倖契約 C.雙務契約 D.有償契約

C 24.根據金管會所公佈之「財產保險業經營傷害及健康保險業務管理辦法」當中的規定，現行產險業可經營之健康險保險期間為何？A.長年期 B.一年期以下 C.三年期以下 D.主管機關並無限制。

● 財產保險業經營傷害及健康保險業務僅限三年期以下。

C 25.廣義的風險管理，除彌補經濟損失外尚包括儲蓄投資以備未來教育、結婚、創業、養老等情況所需，此部份之需求可以利用年金保險、終身保險等具有儲蓄性質的何種功能？A.滿期金 B.滿期金+保單貸款 C.滿期金+年金+保單貸款 D.以上皆非

- 年金保險或終身保險商品兼具儲蓄與保障功能，尤其滿期金、生存保險金、年金或保單紅利皆是儲蓄收入，另外，保戶有資金需求時，可以透過保單貸款周轉資金。

A　26.影響『人身意外身故風險』商品價格訂定因素 A.死亡率+費用率 B.平均餘命+費用率 C.意外事故發生率+費用率 D.以上皆非

- 人壽保險之意外身故費率，決定於意外死亡率。

C　27.計算一年期健康保險費率的因素與人壽保險費率因素比較，下面哪一項因素對前者比較不重要？：A.罹患率 B.費用率 C.利率 D.繼續率

- 相對上，尤其對於一年期健康險而言，利率對於費率之影響明顯較不重要。

D　28.下列何者可變更為展期保險？　A.醫療保險　B.效力停止之契約　C.契約成立後未經一年之契約　D.定期壽險。

- 選擇定期保險之合理性最高；記得定期保險也有保單價值準備金喔。

B　29.壽險公司在變額年金分離帳戶中之投資標的，其操作方式常與投顧公司所提供之基金相結合，其中之投資目的在於能夠兼顧長期資本成長與投資收益，投資組合是以分散於股票或債券，並設定投資上限，由於有一定比例之資金存放於固定收益工具上，故此類型基金風險較小，此類型基金稱為：　A.成長型基金　B.平衡型基金　C.債券型基金　D.貨幣市場基金

C　30.健康保險中，列有給付協調條款，其目的為？A.免除保險人之保險責任　B.減少與被保人之糾紛　C.避免被保人所領之給付超過實際損失額　D.降低保險公司之負擔。

● 損害補償原則之適用，避免被保人所領之給付超過實際損失額。

C 31.團體保險之轉換條款(Conversion Provision)，下列敘述何者不正確？ A.被保員工離職可按此條款轉換為個人保險 B.申請轉換必須在被保員工與團體終止關係後一個月內申請 C.轉換時必須附可保證明 D.轉換後個人保險之費率必須按轉換當時年齡計算。

● 轉換時不需要提出可保證明。

D 32.下列何者為健康保險與人壽保險的主要差異？ A.健康保險之保險期間較長 B.健康保險之費率較低 C.健康保險之保單價值準備金較高 D.保險事故不同。

C 33.下列何者為傷害保險的構成要素：(1)須由外界原因所觸發；(2)須為第三人行為所致；(3)須為身體上的傷害；(4)須非故意誘發：A.1234 B.234 C.134 D.24。

● 第三人責任險才需要限制為第三人之法定責任。

B 34.當要保人急需現金應急時，使用何種方式較恰當？ A.解約 B.保單貸款 C.展期保險 D.繳清保險。

● 保單貸款隨借隨還，適合短期應急，而且不影響既有保障或儲蓄額度。

C 35.傷害保險與旅行平安保險之主要差別在於 A.意外事故之等級 B.保險金額的大小 C.保險期間的長短 D.保險公司的類別。

A 36.以下保險商品何者無等待期的設計 A.死亡險 B.癌症保險 C.失能保險 D.醫療費用保險

C 37.傷害保險業務，可由下列何者經營 A.僅人身保險業者 B.僅財產保險業者 C.人身及財產保險業者 D.僅本國保險業者

C 38.依我國保險法之規定，要保人對於下列何者的生命或身體無保險利益？ A. 家屬 B.生活費所仰給之人 C.債權人 D.為本人管理財產之人。

● 對於債務人才有保險利益。

A 39.壽險業的「生前給付」批註條款，規定被保險人經醫生診斷，其生命經判斷不足多久時，可以提前申請保險金？ A.六個月 B.一年 C.二年 D.三年。

A 40.在寬限期限內，如被保險人發生保險事故，保險契約 A.有效 B. 無效 C. 終止 D. 停效

C 41.下列何者保險基本原則，人壽保險不適用？ A.主力近因原則 B.最大誠信原則 C.損失分攤原則 D.保險利益原則

A 42.請保戶就要保書的書面詢問事項應據實填寫清楚，否則壽險公司於訂約後何期間內或自知有解除原因何期間內主張行使解除權利? A. 2 年、1 個月 B. 2 年、2 個月 C. 1 年、1 個月 D. 1 年、2 個月

D 43.依保險法第 64 條規定，保險人得解除契約須具備的要件有(A)要保人故意隱匿或過失遺漏，或為不實之說明(B)須足以變更或減少保險人對於危險之估計(C)要保人之不實告知，須在契約訂立時所為(D)以上皆是。

C 44.老李投保終身壽險，患有腦中風但投保時沒有告知，則下列何者錯誤？(A)只要投保超過兩年，即使老李因腦中風身故，壽險公司仍應理賠(B)只要死因與腦中風無因果

關係，壽險公司仍應理賠(C)兩年內壽險公司以告知不實解除契約，已收的保費應返還(D)要保人與被保險人負有告知義務

C 45.李瑟計算某一張終身壽險的保單面額(保險金額)與該保單上年度末責任準備金的差額。請問李瑟所計算的金額是此保單的 (A)總保費(B)解約費用(C)淨危險保額(D)自留額

D 46.紅利選擇方式中，對於保單面額與保單現金價值皆有影響者為下列何種選擇方式？ A.現金支付 B.抵繳保費 C.儲存生息 D.增額繳清保險

B 47.有關契約撤銷權之規定，何者正確： A.招攬人在保險單送達之翌日起算5日內 B.自親自送達時起或郵寄郵戳當日零時起生效 C.得以口頭向壽險公司撤銷壽險契約 D.壽險公司無須返還所繳保險費

C 48.人壽保險之年繳與半年繳保險費到期未交付者，除契約另有訂定外，經催告到達後逾幾日仍不交付者， A. 10日 B. 15 日 C. 30 日 D. 40 日

B 49.要保人向壽險公司投保十年期生死合險，保單經過七年後申請減額繳清保險，辦理減額繳清保險後，下列敘述何者正確：①保險金額：減少 ②保險期間：縮短 ③保險內容：與原契約相同 ④滿期保險金：無 A. ①② B. ①③ C. ②③ D. ②④

- 辦理減額繳清保險後：保險金額減少、保障降低，保險商品不變、保險期間不變、生死合險仍能領取部分之滿期保險金。

C　50.投保十年期養老保險，保險金額二十萬元，至期間屆滿時，被保險人仍生存時，保險公司應給付？　A.0 萬元　B. 十萬元　C. 二十萬元　D. 四十萬元

B　51.一般而言，保險價額、保險金額與保險金的關係為：A. 保險價額≧保險金額≧保險金　B.保險金額≧保險價額≧保險金　C.保險金≧保險金額≧保險價額　D. 保險價額≧保險金≧保險金額。

B　52.違反告知義務之法律效果為何？ A.契約無效 B.解除契約　C.契約停止　D. 契約不成立。

D　53.團體一年定期人壽保險契約中所稱之要保人是指：　A. 員工　B.員工之眷屬　C.保險公司　D.要保單位

B　54.不論年金受領人是否死亡，如受領人未到該確定之年數，即中途死亡則將繼續給付其指定之受益人直到到期為止，稱：　A.終身生存年金　B.確定期間生存年金　C. 返還年金　D.遞延年金

A　55.一個符合保戶需求的商品應具有：　①能滿足基本保障 ②所繳保費在購買者的經濟負擔能力內 ③交付之保費金額具有競爭性　④所購買之保險為市場上熱門暢銷商品　A.①②　B.①②③　C.①②③④　D.②③④

A　56.當指定以胎兒為受益人者，以何者為限? A.以將來非死產者　B.以年齡超過 15 歲者　C.以年齡超過 18 歲者　D. 死產者仍為指定受益人

C　57.下列何種保險商品，可以結合購屋貸款：A.長期照護保險 B.年金保險 C.定期壽險 D.終身壽險。

● 貸款期間並非終身，因此房貸壽險皆為定期保險。

D　58.團體保險的特性具有：　A.多張主保單　B.採取個人個別費率　C.被保險人之身故受益人可指定為要保單位　D.多為一年定期保險

C　59.企業購買團體保險的目的有那些？(1)員工福利；(2)投資計劃；(3)節稅。 A.123　B.12　C.13　D.23。

● 購買團體保險之主要功能為保障功能、並無投資儲蓄功能。

二、簡答題：

1.「個人年金保險」是退休金財務規劃重要的理財工具，請分析說明此工具的優點。

參考解答：

(1)年金保險提供活得愈久領得愈多的終身年金保障
(2)年金保險提供多元化商品選擇
(3)年金保險具有稅惠
(4)年金保險便於要保人長期儲蓄或投資
(5)年金保險契約具有法令與契約保障
(6)年金保險保費金額可依保戶實際需求彈性調整

2.小花到國外度假，利用信用卡刷卡購買機票同時附贈保險，小花認為很值得，如此一來出外旅遊即可獲得保障同時可省下另外購買『旅遊平安險』預算，你贊同小花的想法嗎？請說明。

參考解答：

旅行平安險與信用卡刷卡附贈保險，二者保障內容差異頗大，需要釐清，原則上信用卡刷卡附贈保險之保障內容大多僅包含航空與大眾運輸工具之意外身故保障，並未提供全程意外與醫療保障，務需留意。列表摘要比較如下：

保障內容	信用卡刷卡附贈保險	旅遊平安保險
人身保障	限制在搭乘飛機或大眾運輸工具造成身故	全程的身故或殘廢保障

保障內容	信用卡刷卡附贈保險	旅遊平安保險
	或殘廢才有理賠；絕大部分並未提供全程旅遊保障	
醫療保障	無	包含疾病或意外醫療給付
海外急難救助	通常無	海外急難救助費用由保險公司負擔。包含免付費電話、醫療諮詢、返國安排、遺族海外善後機票與住宿費用、出院後療養安排等各項服務
旅遊不便保險	通常包含旅遊不便保險，涵蓋行李遺失、行李延誤、班機延誤等保障	少數壽險公司提供

3.保險金的給付，除了一次給付外，一般尚有其他方式，請舉三種給付方式。

參考解答：

(1)固定期間給付選擇：由壽險公司依約定分期給付。

(2)固定金額給付選擇：由壽險公司依約定金額分次給付。

(3)年金保險給付選擇：諸如：終身生存年金、N年保證終身年金、退費式終身年金、利率變動型年金或變額年金保險等選擇。

(4)儲存生息：保險給付儲存於壽險公司，並依約定利率計息，受益人可定期領取利息。

4.請說明保險人以除外條款限制保障範圍的一般考量為何?

參考解答：

(1)違反公序良俗或犯罪行為：例如將酒駕或殺害他人除外。

(2)減少道德危險發生：排除非意外之事故或行為，例如將故意行為、自殺或自成殘廢除外。
(3)排除不可保危險事故：例如巨災、自然耗損、經常性小額損失。
(4)排除其他保險商品已經承保的危險事故或特定危險事故。
(5)其他除外事項：將以下事故列為除外：既往症、不易精算保費之危險事故、不易控管損失金額或機率之危險事故、導致保費過高的危險事故。

5.請說明變額年金的特色為何?

參考解答：

(1)依照基金淨值與單位數累積保單帳戶價值
(2)繳費方式彈性多元：彈性保費、定期繳納保費、躉繳
(3)費用明確揭露
(4)多元化投資標的選擇
(5)生存年金給付

6.紅利給付選擇權包括哪四項?

參考解答：

保單紅利選擇權包含以下幾項：
(1)儲存生息：保單紅利儲存於壽險公司，並由壽險公司依照揭露的利率計算利息。
(2)購買增額繳清保險：以各年度紅利金額作為躉繳保費，增購保單的保險金額。
(3)抵繳保費：抵繳次期保費。
(4)現金給付。

7.符合意外的定義為何?

參考解答：

「意外傷害事故」係指非由疾病引起之外來突發事故。
(1)外來事故：並非身體內在疾病所造成，而是源自於外力所致。

(2)突發事故：突然發生，而非逐漸產生，也並非當事人所能預期。
(3)非由疾病引起事故：並非由疾病所引起。

8.訂定等待期間的目的?
參考解答：
等待期間設置的目的：
(1)避免或減少帶病投保。
(2)合理評估被保險人體況。

9.人壽保險契約為射倖契約，請說明何謂射倖契約？
參考解答：
就壽險契約而言，保險事故是否發生存在不確定性，若保險事故未發生，壽險公司就不需要給付保險金，因此保險公司之給付義務存在不確定性，稱為射倖契約。

10.臺灣已逐漸邁入老年化社會，老年照顧問題受到政府及壽險業者的關注，主管機關積極推動商業長期看(照)護保險，長期看(照)護狀態係指被保險人須經專科醫師診斷符合生理功能障礙或認知功能障礙二項情形之一者，其中認知功能障礙(器質性癡呆)須符合三項中的二項，該三項認知功能障礙為何？
參考解答：
(1)時間的分辨障礙：經常無法分辨季節、月份、早晚時間等。
(2)場所的分辨障礙：經常無法分辨自己的住居所或現在所在之場所。
(3)人物的分辨障礙：經常無法分辨日常親近的家人或平常在一起的人。

11.請說明何謂平均餘命？
參考解答：
指特定年齡的民眾或被保險人，預估未來平均可以存活的年齡數。

12.人壽保險保險費基於那三項預定率計算而來，而保單紅利的計算亦是依據該三項預定率為計算基礎，何謂三項預定率？

參考解答：

人壽保險保險費構成的要素包括純保險費、附加保險費兩部份，主要以下列三項變數為計算基礎。

(1)預定死亡率：死亡率愈高，預期死亡給付會愈高，保費將愈貴。（與保費成正比）

(2)預定利率：預定利率愈低，保單預定利息收入愈低或保單折現率愈低，保費將愈貴。（與保費成反比）

(3)預定營業費用率：費用率愈高，需要收取的費用就愈高，保費將愈貴。（與保費成正比）

貳、 人身保險經紀人：人身風險管理考題與參考解答

(壹)解釋名詞：

一、何謂選擇生命表（select table）？終極表（ultimate table）？綜合表（aggregate table）？

參考解答：[22]

1.選擇生命表：以投保後前幾個保單年度內被保險人死亡人數、生存人數與死亡率數據為統計對象之生命表；例如：以投保後5年內的被保險人死亡率為統計對象。

2.終極表：以特定保單年度後被保險人之死亡人數、生存人數與死亡率數據為統計對象之生命表；例如：以經過5年之後的被保險人死亡率為統計對象。

3.綜合表：以全部投保年度之被保險人死亡人數、生存人數與死亡率數據為統計對象之生命表。

二、何謂「日間住院」？

參考解答：

1.日間住院：被保險人因疾病或意外事故而急診就醫，並在急診室接受治療滿6小時後就出院之醫療事故。

2.部分醫療保險商品針對被保險人日間住院事故，給付約定金額之日額保險金。為避免爭議，醫療險商品必須明載是否理賠日間住院，而且須明確記載給付日間住院之金額或比例。

三、何謂「類全委保單」？

參考解答：

投資型保險商品所連結之投資標的，若包含全權委託投資帳戶，而且該全權委託投資帳戶由投信公司或投顧公司負責代客操作業務，稱為類全委保單。相形之下，全委保單指該全權委託投資帳戶由壽險公司自行操作，並由壽險公司兼營全權委託投資業務。

---

[22] 參壽險管理學會(2011)，ch.27

四、利率變動型年金(Interest Sensitive Annuity)?

參考解答：

利率變動型(遞延)年金保險：壽險公司將要保人繳交的保險費扣除費用後，依宣告利率累積年金保單價值準備金；遞延期滿再依年金保單價值準備金計算年金金額並給付年金。

(貳)問答題：

一、請問：現行躉繳壽險商品的設計方式是怎樣的內容？又何謂投資型保險商品？

參考解答：

1.現行躉繳壽險商品的設計方式：

(1)外幣計價之傳統型儲蓄保險已成主力商品之一：因應責任準備金提存利率持續調降，目前台幣計價且預定利率固定之傳統型躉繳養老壽險保費佔率已降低，改以外幣計價之躉繳壽險商品成為主力商品。

(2)利率變動型壽險商品或萬能保險商品業績呈上升趨勢：因應預定利率與準備金提存利率調降，壽險公司已轉而推動利率變動型壽險商品或萬能保險商品，透過提供利差回饋金設計，提高躉繳壽險商品之儲蓄功能。

(3)儲蓄型保險商品仍為主力商品：因應銀行通路需求與民眾儲蓄需求，儲蓄型保險商品仍為主力商品，躉繳保障型壽險商品之業績佔率偏低。

2.投資型保險為保險保障結合共同基金等投資標的之人身保險商品，商品名稱有變額壽險、變額年金保險與變額萬能壽險等。投資型保險將保戶所繳保費扣除相關費用後，依據客戶選擇的投資標的進行投資，並在契約期間提供保戶壽險保障或年金給付。投資型人壽保險具有以下特色：

(1)投資風險由保戶承擔：投資型保險商品所產生的收益或虧損，大部分或全部由保戶自行承擔。

(2)彈性繳費：投資型商品的繳費方式彈性，可依據自己的經濟狀況來繳費。

(3)費用透明揭露：各項費用充份揭露，讓保戶可充分了解費用結構。

(4)多元化投資標的選擇：投資型保險通常連結多元化投資標的，客戶可自主選擇投資標的，並可搭配免費基金轉換，定期調整資產配置。

(5)保險金額可搭配保戶需求調整，以配合保戶需求。

二、試以人壽保險為例，申論個人如何在定期壽險、終身壽險與儲蓄型保險中進行選擇。並敘述定期壽險、終身壽險與儲蓄型保險各有何優缺點，分別適合那些類型的人購買。

參考解答：

險種	優缺點	適合投保之族群
定期壽險	●優點：保費低、保障高 ●缺點：無生存還本、定期保障、解約金低	●社會新鮮人、新婚族群 ●家庭經濟重擔 ●房貸族、信貸族
終身壽險	●優點：終身保障、解約金穩定成長 ●缺點：保費較定期保險貴，儲蓄功能弱於養老保險	●有一定收入或資歷的上班族 ●喪葬費用與遺產規劃族群 ●終身保障族群與強迫儲蓄族群
養老保險	●優點：滿期領回多、生存還本高、儲蓄性強 ●缺點：保費最貴、保障低	●中高齡族群 ●定期儲蓄族群 ●已有基本保障族群

三、請比較定期壽險與終身壽險之優缺點，並說明定期壽險提供續保與轉換權，對於投保人之重要性。

參考解答：

1.比較定期壽險與終身壽險之優缺點如下：

險種	優缺點	適合投保之族群
定期壽險	●優點：保費低、保障高 ●缺點：無生存還本、定期保障、解約金低	●社會新鮮人、新婚族群 ●家庭經濟重擔 ●房貸族、信貸族

險種	優缺點	適合投保之族群
終身壽險	●優點：終身保障、解約金穩定成長 ●缺點：保費較定期保險貴，儲蓄功能弱於養老保險	●有一定收入或資歷的上班族 ●喪葬費用與遺產規劃族群 ●終身保障族群與強迫儲蓄族群

2.定期壽險提供續保與轉換權之重要性：

定期壽險提供續保權後，可讓被保險人在保單到期時，不須提出可保性證明，即可續保為另一個定期保險，讓被保險人享有更長期之保障。另外，保單提供轉換權後，被保險人未來收入提高或需求改變後，可在保險期間內將定期壽險轉換為其他險種。

四、請比較傳統保障型保險商品與投資型保險商品之主要差異？此兩種商品分別適合那些消費者或那種保險規劃目的？

參考解答：

1.投資型壽險與傳統保障型壽險之主要差異比較

商品別	變額萬能壽險	傳統壽險
商品概念	共同基金等標的+定期壽險	定期壽險、終身壽險或養老壽險商品
保單帳戶價值或保價金累積	依照基金淨值與單位數累積保單帳戶價值	依照預定利率等變數累積(投保時各年度保價金已精算)
保費繳納	彈性保費、定期繳納保費、躉繳	定期繳納保費、躉繳
費用揭露	費用明確揭露	費用未明確揭露

2.適合那些消費者或那種保險規劃目的

類型	投資型人壽保險	傳統保障型人壽保險
保險規劃目的	投資+保障+彈性	保障+定期儲蓄
適合那些消費者	●擁有投資需求客戶 ●投資自主性高的客戶 ●期望兼顧保障與基金投資之客戶 ●適合期望彈性繳費與彈性保障客戶 ●適合已投保傳統保障型商品客戶	●需要強迫儲蓄客戶 ●保守或穩健型儲蓄客戶 ●兼顧保障與儲蓄需求之客戶 ●尚未擁有基本之壽險、醫療與傷害險保障族群

五、在現代人的生活中，人身保險是不可或缺的商品，而不同的商品有不同的功能，請以個人理財的角度出發，討論這些商品所能提供的功能。

六、請比較定期壽險、終身壽險與生死合險三種保險商品之主要差異？此三種商品在保險規劃目的上有何不同？其分別適合那些年齡與所得之消費者族群，請舉實例說明。

參考解答：

比較定期壽險、終身壽險與生死合險(養老保險)如下表：

險種	優缺點	適合投保之族群	實例
定期壽險	●優點：保費低、保障高 ●缺點：無生存還本、定期保障、解約金低	●社會新鮮人、新婚族群 ●家庭經濟重擔 ●房貸族、信貸族	●年齡25歲、月支出金額接近於月收入，尚未擁有任何壽險保障
終身壽險	●優點：終身保障、解約金穩定成長 ●缺點：保費較定	●有一定收入或資歷的上班族 ●喪葬費用與遺產規劃族群	●年齡35歲、已有基本的壽險、意外與醫療保障、已儲蓄些許財

險種	優缺點	適合投保之族群	實例
	期保險貴，儲蓄功能弱於養老保險	●終身保障族群與強迫儲蓄族群	富。 ●期望保障增加、強迫儲蓄且節稅。
養老保險	●優點：滿期領回多、生存還本高、儲蓄性強 ●缺點：保費最貴、保障低	●中高齡族群 ●定期儲蓄族群 ●已有基本保障族群	●年齡 45 歲、已有基本的壽險、意外與醫療保障、累積許多財富。 ●期望定期儲蓄與節稅。

七、為加速保險業國際化、自由化的腳步，未來國內保險市場將推出分紅保險(Participating Policy)與不分紅保單(Nonparticipating Policy)，請問：
1.此二種保單主要差異為何？
2.目前國內壽險保單有關紅利的規定為何？
3.身為保險經紀人如何在分紅保單與不分紅保單上為保戶作選擇？

參考解答：

1. 此二種保單主要差異為何

項目/商品型態	分紅保單	不分紅保單
分紅與否	死差益、利差益、費差益	無
分紅比例	保戶分配比例≧70%	依公式分紅
保費(相同保額與保單利益)	較高	略低

2.國內分紅壽險保單有關紅利的規定為何？

根據該公司分紅保險單的實際經營狀況，以保單計算保險費所採用之預定費用率、預定利率及預定死亡率為基礎，依保險單約定之分紅公式，計算保險單紅利。

3.如何在分紅保單與不分紅保單上為保戶作選擇？

項目/商品型態	分紅保單	不分紅保單
分紅與否	死差益、利差益、費差益	無
保費(相同保額與保單利益)	較高	略低
適合族群	●期望享有保障且年年領取紅利的客戶 ●銀行活存族	●希望保費低廉且保額增高的客戶 ●房貸族、新鮮人族、新婚族、基本保障族

八、自財政部公佈壽險保單從九十三年一月一日起，區分為『分紅』與『不分紅』兩種保單，國內壽險市場走進另一嶄新的競爭局面。請問『強制分紅』、『自由分紅』以及『不分紅』保單之區別及對消費者的影響何在？同時，身為保險經紀人，您認為應如何幫客戶規劃『分紅保單』、『不分紅保單』以及『投資型保單』，以符合客戶的保險需求？

參考解答：

1.分紅保單與不分紅保單區別：

項目/商品型態	分紅保單	不分紅保單
分紅項目	死差益、利差益、費差益	無
紅利分配計算	以該公司分紅帳戶之經營損益為依據分紅	無
分紅比例	保戶分配比例≧70%	依公式分紅
保費(相同保額與保單利益)	較高	略低

項目/商品型態	分紅保單	不分紅保單
適合族群	●期望享有保障且年年領取紅利的客戶 ●銀行活存族	●希望保費低廉且保額增高的客戶 ●房貸族、新鮮人族、新婚族、基本保障族

2.分紅保單、不分紅保單以及投資型保單適合之客戶族群

商品別	投資型保單	分紅保單	不分紅保單
適合族群	1.願承擔風險並追求投資自主族群 2.抗通貨膨脹，追求長期高投報率族群 3.追求定期定額投資基金族群	1.穩健族群 2.期望享有保障且年年領取紅利的客戶 3.銀行活存族	1.保守族群 2.希望保費低廉且較高保額的客戶 3.房貸族、新鮮人族、新婚族、基本保障族

九、人身保險之商品中，何者為保障型(Protection types)？何者為儲蓄型(Saving types)？何者兩種兼具？

參考解答：

儲蓄型保單包含生存給付、滿期保險金給付或年金給付等給付項目，同時兼具儲蓄與保單功能。相形之下，保障型保單則多僅有身故給付、全殘給付或相關殘廢醫療給付。列表摘要如下：

項目/商品型態	儲蓄型保單	保障型保單
主要訴求	儲蓄兼保障	保障
給付事故	生存、死亡	死亡、意外、醫療
保費	較高	較低
涵蓋商品類型	養老保險、萬能保險、還本型終身保險、利率變動型年金、利率變動型保險	定期保險、純保障終身保險、重大疾病保險、醫療保險、傷害保險

項目/商品型態	儲蓄型保單	保障型保單
適合族群	儲蓄兼顧保障客戶，儲蓄族、子女教育基金族、保險理財投資族	需要保障客戶，如：新婚族、貸款族、新鮮人族

十、因應低利率時代的來臨，投保人購買人壽保險時的因應對策為何，試申述之？

參考解答：

1.多元化基本保障十分重要：雖然低利率下，長期壽險契約保費調漲，但保戶仍需要多元化基本保障，因此壽險、重大疾病、醫療、傷害等多元化保障實不能少。針對利率走低，仍建議民眾務必投保基本壽險、醫療與傷害保險。另外，若有外幣需求或外幣資金，也可以考慮投保外幣保單。

2.儲蓄部分建議改以利率變動型商品或外幣保單為主軸：儲蓄部分可以考慮以利率變動型保險、外幣儲蓄保單、萬能保險、利率變動型年金等商品為主軸規劃。

3.投資部份建議以投資型保單規劃保險投資理財。

十一、相對於傳統定額年金而言，利率變動型年金有什麼特點？

參考解答：

利率變動型年金之保價金依照宣告利率累積，宣告利率並非保證，這點與傳統年金明顯存在差異；另外利率變動型年金之保費繳納相對彈性而且費用明確揭露，這些都是利率變動型年金的商品特點，也與傳統定額年金存在差異。列表比較如下：

商品	利變遞延年金	傳統(定額)年金
商品概念	定存+年金給付	定期儲蓄+年金給付
保價金累積	依照宣告利率累積	依照預定利率累積，投保時已精算

商品	利變遞延年金	傳統(定額)年金
保費繳納	彈性保費、定期繳納保費、躉繳	定期繳納保費、躉繳
費用揭露	費用明確揭露	費用未明確揭露
其他	費用低、IRR 高於定存、生存年金給付	費用低、生存年金給付

十二、在年金給付期（Liquidation Period）中，為避免年金受領人可能在給付期間開始後不久即死亡，使要保人支付多年的保險費付諸流水，因此年金保險契約多提供消費者退費（Refund）的選擇。請說明：退費的方式。如何以純粹生存年金為基礎結合其它保險，形成退費的特性。

參考解答：

1.年金給付期間，除了純粹生存年金以外，為避免年金被保險人領取開始後不久就身故之情況，壽險公司通常提供多元化生存年金給付選擇，諸如：保證退還所繳保費的保證金額生存年金給付或 10~25 年的保證期間的生存年金給付。年金被保險人如有領取年金後不久就身故之情況，契約約定受益人可領取未支領的年金餘額。

2.保戶可投保純粹生存年金搭配投保定期壽險模式，構成類似保證金額的生存年金給付。

十三、試說明台灣地區年金保險商品發展之背景。又該類商品在危險管理上所扮演之角色為何？試說明之。

參考解答：

1.台灣地區年金保險商品發展之背景

(1)人口高齡化與少子化趨勢

(2)財富管理與理財規劃之盛行

(3)小家庭結構之形成

(4)社會保險採行年金給付之趨勢

2.危險管理上所扮演之角色為何

對於面對長壽風險與高齡化風險的大眾來說，僅有年金保險商品可以提供活得愈久領得愈多的終身生存年金給付，這是其他理財工具所無法替代的功能；而且年金保單還有儲蓄與投資功能，對於民眾規劃退休金，扮演非常重要的角色。

十四、何謂續保性（renewability）？從財務領域觀點而言，續保性對於被保人來說是一種買權（call option）？抑或賣權（put option）？為什麼？何謂轉換性（convertibility）？

參考解答：

1.定期壽險有更約權或續約權，可讓被保險人在滿期時可以免體檢續保。續約時，壽險公司應依續約當時年齡計算保費。
2.續保權相當於民眾擁有一個權利，可以免體檢續保契約；概念上，附有續保權的商品應較無續保權的商品略貴，相當於壽險公司多收些許保費，類似保戶以權利金購買未來的續約權利的買權 call 概念。
3.轉換條款：允許定期壽險可轉換為其他險種，不需要提出可保性證明，諸如定期險滿期前，可以轉換為終身保險或養老保險。

十五、訂立人壽保險契約時，以“未滿十四歲之未成年人” 作為被保險人，試說明目前國內如何規範及規範之目的？我國現行人壽保險單示範條款賦予要保人有“契約撤銷權”，試說明其特性。

參考解答：

1.為保護弱勢族群並減少道德危險事故發生，保險法令針對未滿 15 足歲被保險人之理賠金額，訂有身故理賠金額限制。
2.依據保險法 107 條與示範條款，以未滿 15 足歲之未成年人為被保險人之壽險保單，其身故保險金理賠金額為所繳保費加計利息或所繳保費；完全殘廢保險金仍依照保險金額或契約約定金額理賠。

3.契約撤銷權之意義：壽險保單為定型化契約、附和(附合)契約與長期契約，投保適切保險十分重要。為保障保戶權益，避免客戶因不瞭解或不當行銷而投保，因此給予要保人契約撤銷權。

4.契約撤銷權行使時限：要保人可在保單送達的翌日起算 10 日內，行使契約撤銷權。要保人行使契約撤銷權後，壽險公司應無息退還所繳保費。

5.契約撤銷權行使前效力：若被保險人在契約撤銷生效前身故且正常情況下壽險公司會同意承保時，壽險公司仍須負擔保險理賠責任。

十六、保險利益何以必須存在？人身保險利益為何？再者，保險利益有何轉移之情形？

參考解答：

1.保險利益關係存在，才能避免或降低道德風險、發揮損害填補的理念並落實風險分散，因此保險法規範要保人或被保險人對於保險標的無保險利益者，保險契約失其效力。

2.人身保險利益包含：本人或家屬、生活費教育費所仰給之人、債務人、為本人管理財產或利益之人。

3.人身保險保險利益之移轉或變更：因為情事變更而改變，諸如：可能因為離婚而改變、可能因為債權移轉或身故而移轉、可能因為扶養人改變而移轉。

十七、試說明何謂復效條款（reinstatement clause）？何謂寬限期條款（grace periodprovision）？試比較兩者差異。

參考解答：

1.復效條款：

(1)保單因為逾寬限期間保費未繳催告後仍不繳費、保單價值準備金不足墊繳且催告後仍不繳費、保單貸款本息超過保單價值準備金且通知後仍不還款，保險契約停止效力。因此在停效期間發生保險事故，保險人不負賠償責任。

(2)復效申請：但保戶可在半年內，不需提出可保證明文件，即可辦理復效，壽險公司不得拒絕保戶的復效申請。另外若超過半年且在二年內，才申請復效，則需提出可保證明文件，例如：提出體檢報告與病歷資料，並經壽險公司審查後，才可辦理復效。

2.寬限期條款

(1)訂定寬限期間之理由：考量壽險契約為長期契約而且儲蓄功能強，若因保戶一時的逾期繳費，就導致契約停止效力，對保戶保障顯然不利，也違背最大誠信契約之理念。因此壽險契約訂立寬限期間，提供保戶繳納保費的融通期間。

(2)寬限期間：

a.年繳、半年繳：催告到達日後30天內。

b.季繳、月繳(現金繳費等自行繳費方式)：應繳日後30天內。

c.季繳、月繳(自動轉帳扣款等約定)：催告到達日後30天內。

(3)理賠責任：被保險人在寬限期間內發生保險事故，壽險公司仍應負擔理賠責任，不可因為保費超過應繳日未繳而拒賠。逾寬限期間仍未交付保費，壽險契約效力停止(停效)；停效期間被保險人發生保險事故，壽險公司不負賠償責任。

3.條款差異比較：

項目	復效條款	寬限期條款
目的	給予保戶特定期間內恢復契約效力的權利	提供保戶繳納保費的融通期間
辦理程序	需要要保人提出書面文件申請並補繳保價金。	不需要保人提出申請
法律效果	● 要保人提出復效申請且保險公司同意後，保險契約恢復效力。 ● 停效期間發生保險事故，保險人不負賠償責任。	● 逾寬限期間保費仍未繳，契約效力停止，保戶可在二年內申辦復效。 ● 在寬限期間內發生保險事故，壽險公司仍應負擔理賠責任

十八、何謂門檻法則？設立門檻的目的為何？我國有何規定？

參考解答：

1.門檻法則主要針對投資型壽險商品或萬能保險商品訂立最低危險保額比率。

2.設立門檻的目的主要為避免投資型壽險商品或萬能保險商品之保險保障更能過低、僅一昧強調著重儲蓄投資功能之狀況。

3.金管會保險局於「投資型人壽保險商品死亡給付對保單帳戶價值之最低比率規範」明訂三個年齡層之最低危險保額比率，並要求規範並要求要保人投保及每次繳交保險費時須符合規定。投資型壽險最低危險保額比率規範如下：(1)40 歲以下最低危險保額比率=130% (2)41~70 歲最低危險保額比率=115% (3)71 歲以上最低危險保額比率=101%。

4.依據非投資型萬能人壽保險商品死亡給付對保單價值準備金之最低比率規範，萬能壽險同樣需受最低危險保額比率(門檻法則)之限制。萬能壽險最低危險保額比率規範如下：(1)40 歲以下最低危險保額比率=155% (2)41~70 歲最低危險保額比率=130% (3)71 歲以上最低危險保額比率=105%。

十九、基於各項經濟、社會、法令及科技上之革新，人身保險市場會產生變化，以配合環境變遷之需求，試論人壽保險商品之發展趨勢。

參考解答：

(1)儲蓄與投資理財型商品已成主流：短期儲蓄險、變額年金保險、投資型壽險、利率變動型年金保險、利率變動型壽險與萬能壽險保單已成主力商品。

(2)幣別多元化：外幣傳統壽險保單、外幣投資型保單、外幣利變型壽險、外幣年金保險與外幣健康險相繼上市。

(3)醫療商品多元化：因應人口高齡化與醫療科技進步，長期照護、特定傷病、終身醫療、終身癌症與終身手術等各種商品紛紛上市。

(4)特定目標市場保單問市：微型保單、優體保單、兒童保單或保證保老年保單。
(5)產險業經營短年期個人或團體健康險與傷害保險。
(6)其他：保戶給付選擇多元化、連結標的多元化。

二十、以退休保障為目的，請說明以傳統養老險與年金保險作規劃，在風險與保障上有何不同？如果你幫一個40歲的消費者規劃退休儲蓄與保障，你會推薦那一種商品？為什麼？

參考解答：

1.風險與保障上有何不同？

傳統養老險商品以還本終身險為代表，並進一步與變額年金、利變年金相互比較其風險與保障如下：

商品	還本終身險	變額年金	利變年金
商品概念	終身壽險保障+儲蓄	共同基金等標的+年金給付	定存+年金給付
保障	●終身壽險保障 ●各年度保障金額在投保時已精算	●身故退還保單帳戶價值 ●無終身保障	●身故退還保單價值準備金 ●無終身保障
保單帳戶價值或保價金累積	依照預定利率等變數累積(投保時各年度保價金已精算)	依照基金淨值與單位數累積保單帳戶價值	依照宣告利率累積
風險	●客戶短期解約，解約金常低於所繳保費	●客戶承擔投資風險 ●客戶需要負擔相關費用	●宣告利率並非保證，客戶承擔利率風險 ●客戶需要負擔相關費用

2.預計推薦商品與原因[23]

(1)如果該客戶之終身壽險保障已經足夠，建議可投保利率變動型商品與變額年金商品，以增強儲蓄或投資功能。

(2)如果該客戶之終身壽險保障還不足夠，建議可投保終身壽險或定期壽險以補足保障缺口。若有閒餘資金，再透過分期繳方式投保利率變動型商品與變額年金商品，以增強儲蓄或投資功能。

二十一、「投資型」保險商品的業務員應如何瞭解客戶（know your customer；簡稱 KYC）？

參考解答：

投保前業務人員應確實解說商品與客戶權益，並了解以下客戶相關事項：

1.客戶是否確實瞭解其所繳交保險費係用以購買保險商品。

2.客戶投保險種、保險金額及保險費支出與其實際需求是否相當相符。

3.客戶之投資屬性、風險承受能力，及是否確實瞭解投資型保險之投資損益係由其自行承擔。

4.建立交易控管機制，避免提供金融消費者逾越財力狀況或不合適之商品或服務。

5.針對商品的投資報酬與風險、費用，務必向客戶詳細解說，並請客戶在重要事項告知書或風險告知書相關文件親簽。

6.其他：了解客戶的年收入與保費負擔能力、了解客戶的投保需求與目的等。

二十二、請從保障、投資報酬或風險角度，比較投資型保險商品與傳統壽險商品的差異？變額保險與萬能保險的差異為何？

參考解答：

1. 比較投資型保險商品與傳統壽險商品的差異

[23] 廖勇誠(2012/9)

商品別	投資型保險(變額壽險)	傳統壽險
商品概念	共同基金等標的+定期壽險	定期壽險、終身壽險、養老壽險(保障+儲蓄)
保單帳戶價值或保價金累積	●依照基金淨值與單位數累積保單帳戶價值 ●投資風險由客戶承擔	●依照預定利率等變數累積(投保時各年度保價金已精算) ●客戶不須承擔投資風險
保費繳納	彈性保費、定期繳納保費、躉繳	定期繳納保費、躉繳
費用揭露	費用明確揭露	費用未明確揭露

2.比較變額保險與萬能保險的差異

商品別	萬能壽險	變額壽險
商品概念	定存+定期壽險	共同基金等標的+定期壽險
保單帳戶價值或保價金累積	●依照宣告利率累積 ●宣告利率並非保證	●依照基金淨值與單位數累積保單帳戶價值 ●投資風險由客戶承擔
保費繳納	彈性保費、定期繳納保費、躉繳	彈性保費、定期繳納保費、躉繳
費用揭露	費用明確揭露	費用明確揭露

二十三、健康保險有那些情況被排除於承保危險的範圍？

參考解答：

1.被保險人之故意行為（包括自殺及自殺未遂）。

2.被保險人之犯罪行為。

3.被保險人非法施用防制毒品相關法令所稱之毒品。

4.被保險人因下列事故而住院診療者，壽險公司不負給付各項保險金的責任；摘列部分項目如下：

(1)美容手術、外科整型。

(2)外觀可見之天生畸形。

(3)非因當次住院事故治療之目的所進行之牙科手術。

(4)裝設義齒、義肢、義眼、眼鏡、助聽器或其它附屬品。

(5)健康檢查、療養、靜養、戒毒、戒酒、護理或養老之非以直接診治病人為目的者。

(6)懷孕、流產或分娩及其併發症。

二十四、傷害保險的法規或示範條款，有那些情況屬於保險人不負給付保險金的責任？意外保險附約之保險期間通常訂為一年，該附約在期間屆滿時，要逐年更新繼續有效的條件為何？

參考解答：

1.除外事項：

(1)要保人、被保險人的故意行為。

(2)被保險人犯罪行為。

(3)被保險人飲酒後駕（騎）車，其吐氣或血液所含酒精成份超過道路交通法令規定標準者。

(4)戰爭、內亂及其他類似的武裝變亂。

(5)因原子或核子能裝置所引起的爆炸、灼熱、輻射或污染。

(6)被保險人從事角力、摔跤、柔道、空手道、跆拳道、馬術、拳擊、特技表演等的競賽或表演。

(7)被保險人從事汽車、機車及自由車等的競賽或表演。

2.意外保險附約屆滿時，要逐年更新繼續有效的條件為何？

參考解答：

大部分一年期意外保險附約屆滿時，需經過保險公司同意或雙方無反對意思表示，並且收取保費(繳納保費)後才能完成續保。

舉例續保條款如下：

本附約保險期間為一年，期滿時雙方若無反對的意思表示者，視為續約。續約的始期以原附約屆滿日的翌日為準。

二十五、配合長期照顧服務法上路，金融監督管理委員會將傳統「長期照護保險（長看險）」重新命名為「長期照顧保險（長照險）」並公佈示範條款，函令從今（2015）年7月1日開始，各保險公司設計販售的長照險均須比照示範條款辦理。為提高長照險商品之可負擔性，示範條款以那些原則作為設計前提？在長照險的示範條款中，對於免責期有何規範？示範條款對於生理失能以及失智的認定標準為何？與現行保單有何差異？何謂「稅負適格型（Tax-Qualified）長照保險」？

參考解答：

1.設計前提：

(1)設計免責期間：免責期間需在6個月以內，並於保險費率予以反映。

(2)需要符合生理功能障礙或認知功能障礙等失能或失智要求。

(3)其他：明訂疾病認定範圍與疾病判定標準等。

2.生理失能以及失智的認定標準

(1)生理功能障礙：進食、移位、如廁、沐浴、平地移動與更衣障礙等六項日常生活自理能力持續存在三項以上(含)之障礙。

(2)認知功能障礙：被診斷確定為失智狀態並有分辨上的障礙，在意識清醒的情況下有時間、場所或人物分辨上之障礙，判定有下列三項分辨障礙中之二項(含)以上者。

相較之下，長期照護保險示範條款頒佈前，保險業者對於生理失能及失智之認定標準並未統一而且與示範條款顯有差異。例如：頒佈前約定長期看護狀態如下：時常處於臥床狀態，無法在床舖週遭以自己的力量步行，並符合4項狀態中2項：

(1)無法自行穿脫衣服。

(2)無法自行入浴。

(3)無法自行就食。

(4)無法自行擦拭排泄之大小便。

3.免責期間：長期照護保險通常約定事故發生後3~6月內為免責期間，在免責期間內壽險公司不給付被保險人或受益人任何失能給付。

4.稅負適格型（Tax-Qualified）長照保險：可以享有保費列舉扣除額稅惠之長期照護保險。

二十六、根據臺灣失智症協會調查研究報告指出，2012年失智在65歲以上老者的盛行率高達5%，大約是每20位老人中，就有一人屬於「輕微失智」以上的症狀。而一旦發生失智或失能的情形，所衍生出來的相關花費就相當驚人，因此許多保險公司推出長期照護保險。請問一般市面上長期照護保險在理賠上的認定標準為何？在理賠給付上有何限制？何謂「類長看」保險？其與長期照護險有何不同？從保險經紀人的角度，您如何向客戶比較兩者的優缺點？

參考解答：

經醫師診斷判定符合長期照顧狀態時，壽險公司依約定金額給付長期照顧保險金之保險商品。長期照顧狀態通常是指判定符合下列二種情形之一者：

1.生理功能障礙：進食、移位、如廁、沐浴、平地移動與更衣障礙等六項日常生活自理能力持續存在三項以上(含)之障礙。

2.認知功能障礙：被診斷確定為失智狀態並有分辨上的障礙，在意識清醒的情況下有時間、場所或人物分辨上之障礙，判定有下列三項分辨障礙中之二項(含)以上者。

3.類長看保險：許多保險業者推出類似長期照護保障功能的特定傷病保險商品，例如：針對被保險人罹患特定傷病或重大殘廢時，定期給付生活扶助保險金。

4.商品比較與優缺點

商品別	長期照護終身醫療保險	特定傷病終身保險(類似長期照護商品)
商品型態	長期照護給付+少許身故保障	終身壽險或終身健康保障+類似長期照護給付
長期照護或特定傷病給付	符合失去生活自理能力或失智狀態且持續達 90 天，定期給付保險金	罹患重度殘廢、腦中風、癱瘓、失智症等特定傷病，定期給付保險金
優點	長期照護保障高	特定傷病保險金之給付條件明確，可降低爭議
缺點	長期照護狀態之認定相對嚴格，且需要較嚴重的失能或失智被保險人才能符合。	無法針對未罹患特定疾病但有長期照護需求者提供定期給付。

二十七、甲君熱愛登山，與同行好友挑戰玉山主峰，行前投保意外險一千萬。未料因大陸冷氣團來襲，高山上氣溫驟降到零下 5 度，甲君發生嚴重失溫現象不幸凍死。但保險公司認為甲君事發前半年曾因病住院，認為是疾病死亡拒絕理賠。請問何謂「意外」？何謂「主力近因原則」？您認為保險公司是否應該理賠？請問一般意外傷害保險單中，保險公司的除外責任及不保事項為何？

參考解答：

1.意外傷害事故係指非由疾病引起之外來突發事故。

2.主力近因原則[24]：保險公司應依照主要與直接導致損失的原因，做為保險公司是否理賠之判定原則。

---

[24] 參凌氤寶等(2008)、許文彥(2012)

3.個人認為保險公司應該理賠，因為本個案之主要事故原因符合以下意外事故之定義，列述如下：

(1)外來事故：並非身體內在疾病所造成，而是源自於外力所致，例如：嚴重失溫而凍死。

(2)突發事故：突然發生，而非逐漸產生，也並非當事人所能預期。例如：氣溫驟降。

(3)非由疾病引起事故：並非由疾病所引起。例如：就本案來說，應該並非由於既往症所導致的死亡，就符合意外事故要求。

另外，若死因確實因既有疾病所引發死亡而且一般民眾遭遇類似失溫或氣溫驟降大多數不會凍死，則是否屬於意外事故，就存有爭議。

4.一般意外傷害保險單中，保險公司的除外責任及不保事項摘列如下：

(1)要保人、被保險人的故意行為。

(2)被保險人犯罪行為。

(3)被保險人飲酒後駕（騎）車，其吐氣或血液所含酒精成份超過道路交通法令規定標準者。

(4)戰爭、內亂及其他類似的武裝變亂。

(5)因原子或核子能裝置所引起的爆炸、灼熱、輻射或污染。

(6)被保險人從事角力、摔跤、柔道、空手道、跆拳道、馬術、拳擊、特技表演等的競賽或表演。

(7)被保險人從事汽車、機車及自由車等的競賽或表演。

二十八、身為一個保險經紀人，當您的客戶因為經濟拮据而無法如期繳交保費時，您應該如何建議客戶，使其在不需額外繳交任何保費的情況下仍然繼續擁有保險保障？

參考解答：

可建議客戶辦理減額繳清保險或展期定期保險，分項說明如下：

1.辦理減額繳清保險

(1)人壽保險契約累積有保單價值準備金後，保戶若因經濟困難或保障已足夠，可選擇調降原保險契約之保險金額，並以當時保單價值準備金作為躉繳保費繳費。

(2)辦理減額繳清保險後保單的變化：保險金額減小、保險期間不變、保險商品不變、未來不需要再繳納保費。

(3)保戶辦理減額繳清保險後，未來不需要再繳納保費；未來的保障金額與生存滿期金額度，則依照調降後之保險金額計算。

2.辦理展期定期保險

(1)人壽保險契約累積有保單價值準備金後，保戶若因經濟困難或保障已足夠，可選擇辦理展期定期保險。

(2)保戶辦理展期定期保險後，由於以當時保單價值準備金作為躉繳保費繳納定期壽險保費，所以未來不需要再繳納保費。若保單價值準備金金額足夠，繳納躉繳定期保險保費後仍有剩餘，將於保險契約期滿時支付生存保險金。

(3)辦理展期定期保險後保單的變化：保險金額不變、保險期間可能縮短、保險商品改變為定期壽險架構、未來不需要再繳納保費且滿期可能有生存保險金。

生涯規劃篇：

生涯規劃的過程，一定要費心費力思考詢問，不能完全依賴父母與同儕意見；更不要人云亦云，毫無主見。別忘了，這是您個人專屬的生涯規劃，而不是父母、同學、老師或別人喔！

生涯規劃的過程，就好比人生旅程，有起點、有目的地，您可以搭乘直達高鐵直達目的地，也可以中途下車旅遊，下次再向最後目的地邁進。

沒有目標的人生、您的人生就好比是汪洋中的獨木舟般、在濃霧中迷路般、在旅途中總是搭錯車般，永遠不知道自己身在何處？心在何處？航向何方？何時到達目標？何時結束迷途？何時脫離苦難煩惱？何時才能自我實現？

第四章 保險需求評估概要與考題解析

第一節 保險需求評估概要

第二節 精選考題與考題解析

- ✧ 什麼是生命價值法？遺族需要法？
- ✧ 什麼是本金總額法？
- ✧ 青壯年適合哪一種保險商品？
- ✧ 空巢期適合哪一種保險商品？
- ✧ 企業如何規劃人身風險管理？
- ✧ 計算應有保額時有那些需要注意？

第四章　保險需求評估概要與考題解析

第一節 保險需求評估概要

一、保險需求額度評估方法[25]

人身損失風險對於個人及家庭之衝擊或影響程度，可以從被保險人身故後之未來收入損失角度評估，稱為生命價值法；另外也可以從被保險人身故後，遺族或家庭所需要的資金需求角度評估，稱為遺族需要法。此外，還有其他的保險需求額度評估方法，分項列舉如後：

1.生命價值法(淨收入彌補法)(Human Life Value Approach)

(1)以工作生涯的淨收入現值衡量生命價值。概念上生命價值法以被保險人未來收入扣除未來支出之現值，估算其應有保險金額。

(2)生命價值法或淨收入彌補法之計算概念，與淨現值法NPV(Net Present Value)概念相近。

(3)公式：

淨收入(生命價值)=未來收入的現值-未來支出的現值。

(4)收入或收入成長率愈高，淨收入愈高。支出金額或支出成長率愈高，淨收入相對降低。另外，個人支出占所得比重越大，淨收入金額越低，因為個人支出需要自淨收入扣除。

(5)保障缺口=應有的投保保額-已擁有保額。

範例1：張先生現年40歲，年收入100萬元，65歲退休，張先生平時個人每年支出約20萬元，全家人的每年支出約50萬元。假設市場利率為2%，假設張先生尚可持續工作25年，且薪資成長率相等於通貨膨脹率，張先生之平均餘命為80歲。請問依

[25] 參保險事業發展中心，風險管理與保險規劃，P.423~428；風險管理學會，人身風險管理與理財第三章；鄭燦堂(2008)

照淨收入彌補法計算，若張先生 40 歲意外身故，應投保多少保險金額方屬合理？請問張先生的投保保額約為年收入的幾倍？

參考解答：

(1)張先生每年收入 100 萬元；身故後，還可以工作 25 年，因此還有 25 年的收入累積期間。

a.未來收入的現值 1,000,000x 19.5235 ≒ 1,952 萬

*PVIFA 年金現值係數=$(1-((1+2\%)^{-25})/(2\%)=19.5235$

b.未來支出的現值 200,000x27.3555≒547 萬

*PVIFA 年金現值係數=$(1-((1+2\%)^{-40})/(2\%)=27.3555$

淨收入現值=1,952-547=1,405 萬

(2)張先生的投保保額約為年收入的 14.05 倍

=1,405/100=14.05

範例 2：張先生現年 40 歲，每月薪資收入及投資收入約為 10 萬元，每月個人支出約為 3 萬元，假設市場利率為 2%且薪資成長率相等於通貨膨脹率。假設張先生原預定 65 歲退休而且平時全家每月支出約 6 萬元，請問依照淨收入彌補法計算，張先生若 40 歲意外身故並假設張先生原先將於 65 歲身故，請問應投保保額多少方屬合理？請問張先生的投保保額約為年收入的幾倍？

參考解答：

(1) 張先生每月淨收入=7 萬元，身故後，還可以工作 25 年，因此還有 25 年的收入累積期間。

未來淨收入的現值=70,000x 235.93 ≒ 1,652 萬

*PVIFA 年金現值係數=$(1-((1+2\%/12)^{-300})/(2\%/12)=235.93$

(2)張先生的投保保額約為年收入的 13.8 倍

=1,652/120=13.8

2.家計勞務法(Household Services Approach)：[26]

生命價值法單純以被保險人未來收入扣除未來支出之現值，估算其應有保險金額。然而生命價值法卻未考量到部分的機會成本，例如：被保險人遭遇事故後衍生的額外費用與被保險人若未遭遇事故，可從事的家計勞務價值。因而學者提出了家計勞務法，以改良生命價值法之評估方式。

以家計勞務法估算生命價值，包含以下項目：

(1)被保險人的未來收入扣除支出金額。

(2)被保險人遭遇危險事故後衍生的額外費用。

(3)被保險人若未遭遇危險事故，可從事的家計勞務價值。

將上述損失金額後，進一步求算現值，即為估算的被保險人應有保額。因此計算時須考量預期工作期間、收入、支出、利率、額外費用、個人之家計勞務價值等相關變數。

應投保的壽險保額=
淨收入現值+身故後衍生額外費用+家計勞務價值

範例：張先生現年40歲，每月薪資收入及投資收入約為10萬元，每月個人支出約為3萬元，假設市場利率為2%且薪資成長率相等於通貨膨脹率。假設張先生原預定65歲退休而且平時全家每月支出約6萬元，張先生身故後衍生的額外費用金額約為300萬元，張先生的家計勞務價值約為250萬元。請問依照家計勞務法計算，張先生若40歲意外身故並假設張先生原先將於65歲身故，請問應投保保額多少方屬合理？請問張先生的投保保額約為年收入的幾倍？

參考解答：

26 參酌摘錄自鄭燦堂(2008)，P.280~286

(1)張先生每月淨收入=7 萬元，身故後，還可以工作 25 年，因此還有 25 年的收入累積期間。
未來淨收入的現值=70,000x 235.93 ≒ 1,652 萬
*PVIFA 年金現值係數=$(1-((1+2\%/12)^{-300})/(2\%/12)=235.93$
(2)張先生身故後衍生額外費用與家計勞務價值=550 萬。
(3)張先生應投保之壽險保額=2,202 萬元。
(4)張先生的投保保額約為年收入的 18.35 倍
=2,202/120=18.35

3.遺族需要法或家庭需求法(Family Need Approach)[27]

(1)總需求：依照被保險人身故後，其遺屬或家庭所需要的支出需求，計算應有的壽險保額。其中，支出需求包含配偶未來的生活費用、子女的未來生活費或教育費、房屋貸款或其他負債或費用、被保險人之喪葬費用等費用。
(2)淨需求：依照被保險人身故後，其遺屬或家庭所需要的支出需求扣除被保險人身故時已儲蓄或投資金額，計算應有的壽險保額。其中，支出需求包含配偶未來的生活費用、子女的未來生活費或教育費、房屋貸款或其他負債或費用、被保險人之喪葬費用等費用。已儲蓄或投資金額包含社會保險給付、員工福利給付與個人儲蓄投資等項目。
(3)公式：

應有的投保保額(淨需求) = 未來遺族所需的支出現值
+ 身故後立即必要支出-身故時已儲蓄或投資金額

(4)保障缺口=應有的投保保額-已擁有個人壽險保額。

範例 1：
請提出李大嬸的投保保額建議，相關數據如下：
(1)李大嬸個人每年費用：每年 20 萬

[27] 參酌鄭燦堂(2008)，P.280~286；廖勇誠(2013)

(2)子女生活費與教育費、保母費：每年50萬元，需要50年的給付期間。(已扣除李大嬸的生活費相關支出)
(3)假設市場利率為2%
(4)李大嬸身故時已儲蓄之金額，包含社會保險給付、員工福利給付與個人儲蓄投資，金額為300萬元。

參考解答：
(1)未來遺族所需的支出現值= 500,000x 31.4236≒1,571 萬
*PVIFA(50,2%)=31.4236
(2)投保額度建議=1,571-300=1,271 萬

範例2：
請提出李大嬸的投保保額建議與保障缺口，相關數據如下：
(1)喪葬費用與醫療費用：80萬
(2)房屋貸款負債+信用卡欠款+信用貸款欠款=650萬
(3)李大嬸遺留之個人費用：水電、電話費、保費、欠稅與貨款等生活費相關支出：20萬
(4)子女生活費與教育費、保母費：每月5萬元，需要二十五年的給付期間。(已扣除李大嬸的生活費相關支出)
(5)假設市場利率為2%
(6)李大嬸身故時已儲蓄金額為120萬元(含社會保險給付、員工福利給付與個人儲蓄投資)，該金額不包含已投保之個人壽險身故給付金額。
(7)另外假設李大嬸已投保之個人壽險保額300萬，保障缺口還有多少？

參考解答：
(1)應有的投保保額=未來遺族所需的支出現值+身故後立即必要支出-身故時已儲蓄或投資金額：
a.未來遺族所需支出的現值 50,000x 235.93≒1,180 萬
*PVIFA(300, 2%/12)= 235.93
b.應有的投保保額=750+1,180-120=1,810 萬

(2)李大嬸的保障缺口=1,810-300=1,510 萬

4.所得替代法(替代所得法)或本金總額法：

概念上假設被保險人身故或全部失能後，生活費用必須仰賴理賠金之利息收入支應，而理賠金本金留作遺產或可因應通貨膨脹之用。

應有壽險保額 = 遺族所需生活費用 / 市場利率。

範例 1：

李老師若身故，其遺族每年需要 3.5 萬元作為生活開銷，假設市場利率分別為 1.5%與 2%，而且假設為因應通貨膨脹與遺產需求，李老師希望理賠金本金可儲存於銀行，平時只以利息因應遺族生活需求。請問李老師約需要投保壽險保額多少才足夠？

參考解答：

(1)市場利率為 1.5%：

投保壽險保額= (35,000x12) / 1.5%= 2,800 萬

(2)市場利率為 2%

投保壽險保額= (35,000x12) / 2%= 2,100 萬

範例 2：

李老師若身故，其遺族每年需要 50 萬元作為生活開銷，假設市場利率為 5%，而且假設為因應通貨膨脹與遺產需求，李老師希望理賠金本金可儲存於銀行，平時只以利息因應遺族生活需求，假設李老師可以活到 100 歲，目前年齡為 45 歲。請問李老師約需要投保壽險保額多少才足夠？

參考解答：

(1)500,000/ 5% =1000 萬

李老師所需之投保保額約為 1,000 萬。[28]

---

[28]算法 2：500,000x 18.6335≒932 萬

5.子女教育基金預估法

子女教育基金或留學基金的儲蓄，已成為父母為孩童儲蓄理財的重要核心。如何客觀計算或預估未來每年需要儲蓄或投資的金額，更為重要。子女教育基金之計算公式需考慮通貨膨脹率與投資報酬率，摘要如下：

(1)預估總儲蓄金額 = 未來所需學費支出，該金額需要考慮通貨膨脹因素。預估預估總儲蓄金額 $S = Expense \times (1+p)^n$

p 為平均每年通貨膨脹率；Expense 為目前所需學費支出。

(2)預估每年需要儲蓄金額 = 預估總儲蓄金額 / 年金終值因子

牛刀小試：

廖老師女兒現年 10 歲就讀小四，預先想透過保險儲存大學教育金，請問平均每年需要儲蓄或投資多少錢？假設通貨膨脹率 3%、投資報酬率為 5%、四年大學學費與生活費約為 150 萬。

參考解答：

a. $1,500,000x(1.03)^8 = 1,900,000$

b.零存整付，年金終值概念：

每年儲蓄金額=1,900,000/9.549≒19.9 萬

*FVIFA 年金終值係數=$(((1.05)^8)-1)/0.05=9.549$

6.其他保險需求評估方法：

(1)資產負債表分析法：就家庭資產負債表角度，若考慮未來收支，資產負債表可列示如下：

a.總資產：包含生息(金融)資產、自用資產加上未來收入現值。

b.總負債：包含消費性負債、投資性負債與未來支出現值。

PVIFA 年金現值係數=$(1-((1+5\%)^{-55})/(5\%)=18.6335$

c.淨值=總資產-總負債。淨值為正代表被保險人身故後，留有遺產給遺族；淨值為負則表示被保險人身故後，遺留負債給遺族。

d.若淨值為負，建議被保險人須投保相當於淨值接近於零的保險金額，以避免債留遺族之困境。

f.另外，單純考量個人或家庭的房屋貸款及相關債務金額後，就負債金額投保壽險保額，即是簡單的應有保額計算方式。此外，建議加上喪葬費用與緊急醫療費用等最後費用，可讓保障金額更符合家庭需求。

(2)理財問卷法、保單健檢法與固定倍數法等方法：理財問卷法主要透過客戶填寫理財問卷方式，依據問卷內容評估保險需求。保單健檢法則透過對於客戶之保單健診服務，提供保障缺口建議。固定倍數法則透過年收入的固定倍數方式，求算合理保額需求，銷售實務上常以年收入的10倍，計算合理之保額需求。

牛刀小試1：

針對不同客戶背景建議之壽險投保金額，列舉個案如下說明：

族群別	摘要	建議壽險投保金額
企業高階主管	收入高、財富高、負債低、中高齡(45~60歲)、工作忙碌且壓力高	●建議以年收入的3~9倍規劃壽險保額即可。 ●應強化退休儲蓄與長期醫療保險商品。
社會新鮮人	收入低、支出高、尚未購屋、未婚	●建議以生命價值法估算保額，投保金額約為年收入的10~15倍。 ●規劃基本人身保險保障：建議投保定期壽險，搭配健康保險與傷害保險。
新婚族與小家庭族	收入低、支出高，低儲蓄、已購屋、已婚且子女年幼	●建議以遺族需要法估算合理壽險保額。 ●合理壽險保額=所有負債與支出

族群別	摘要	建議壽險投保金額
		加上未來遺族需要開銷。 ●建議另投保傷害保險與醫療保險，以降低緊急醫療費用或失能殘廢造成之經濟困頓。
儲備子女教育基金	子女就學中(例如：國中國小)，需要及早規劃大學教育基金與生活費	●大學學費與生活費試算：約 1 百萬，並考量通貨膨脹。 ●建議投保儲蓄保險、利率變動型保險或投資型保單，定期儲備子女教育基金，例如：每月 1 萬元。

牛刀小試 2：

人身價值評定的意義：[29]

(1)預防保險詐欺：降低保險詐欺或道德風險之發生。

(2)確保保險利益之存在：避免濫用保險情形。

(3)確保保戶之繳費能力：保戶之年收入與年繳保費間應具合理關係，否則保費佔年收入過高，反而導致未來停效或終止。

(4)客觀合理計算客戶的保險需求：透過數量化的收入與支出計算，可以客觀合理評定客戶的壽險投保額度，並提升客戶信賴感。

二、生涯規劃與人身保險理財需求

1.人身保險在個人理財上之功能[30]

(1)可使個人理財或投資置產無後顧之憂

(2)可透過醫療險與傷害險降低緊急預備金需求

(3)可透過年金保險滿足退休生活所需

(4)可透過投資型保險滿足民眾投資與保障需求

(5)可透過儲蓄型保險滿足中長期儲蓄與保障需求

(6)可透過人身保險規劃，享有相關稅惠

[29]參風險管理學會，人身風險管理與理財，第 2 章與第 13 章

[30]參風險管理學會，人身風險管理與理財，P.103~107

2.生涯規劃與人身保險理財需求

隨著年齡的增長，家庭成員、事業發展與經濟負擔也隨著變化，此時保戶的理財工具與壽險需求自然也必須隨著變化。主要生涯期間之人身保險規劃要點如下：

(1) 年齡處於30歲以下期間：支出高且收入低、而且大部分民眾尚未結婚，在這階段最需要的是基本的壽險、傷害險與醫療險保障，以因應緊急事故之資金需求。

(2) 年齡處於30~44歲期間：考量子女年幼、房屋貸款還款中、支出高且負債高，而且收入受限，此時最需要提高保障額度；諸如：增高定期壽險或終身壽險保障額度，增加傷害險與醫療險之保障額度。在這階段，由於支出高、負債高而且收入受限，因此建議為自己規劃年收入的10~15倍的保險金額。

(3) 45~64歲期間：民眾已累積一定金額的財富、收入相對高而且支出相對減低、負債房貸也已還清或大幅減少，這時期所需要的壽險或傷害險保障額度明顯降低，例如：年收入的3~9倍的保險金額即已足夠。這時期更需要為自己規劃退休金儲蓄、儲蓄投資規劃與財富移轉、強化長期醫療。

(4) 65歲以後期間：民眾之保障額度需求降到最低，此時最需要年金保險給付與穩健的儲蓄收入或信託投資收入，以支應退休後生活之所需。

表3-1　生涯規劃與保險理財需求

期間	學業/事業	家庭型態	主要資產與需求	保險需求
探索期 15~24歲	高中、大學或研究所、服兵役	以父母為重心	1.活存、定存 2.節省開支	父母為子女購買基本壽險與健康險、傷害險
建立期 25~34歲	社會新鮮人	結婚生子	1.小額儲蓄與投資 2.節省開支	基本壽險、醫療、傷害險保障
穩定期	初階管理	小孩上托	1.購屋、貸款	房貸壽險、保

期間	學業/事業	家庭型態	主要資產與需求	保險需求
35~44 歲	者	兒所或小學	2.教育費用、生活費用	障型終身壽險、分期繳儲蓄型商品與投資型商品
維持期 45~54 歲	中階管理者、資深幕僚或主管	子女就學(國中、高中或大學)	1.退休金儲蓄與投資 2.償還貸款、換屋或購屋	年金保險、儲蓄保險、投資型保險、長期醫療保險
空巢期 55~64 歲	高階管理者、資深主管	兒女就業或成家後搬出	1.已累積許多財富 2.多元化資產配置	年金保險、儲蓄保險、投資型保險與長期醫療保險
養老(退休)期 65 歲後	經驗傳承、旅遊、社團	兒女成家、含飴弄孫	1.退休生活 2.穩健儲蓄與投資	躉繳年金、躉繳儲蓄險與保險金信託

資料來源：本研究參酌與修訂自風險管理學會(2001)與 Hallman & Jerry(1993)

牛刀小試1：

對於一個30歲左右，家庭月所得6萬，已婚，有一個2歲小孩，剛剛貸款買了新房子的客戶，請列出應當考慮的各種因素，然後規劃保險建議書，為這位客戶設計一個適當而且完整的保險套餐做為建議之用。

參考解答：

(1)應考慮因素：

a.家庭月支出、月收入、年齡：假設每月生活費支出約 1.5 萬。

b.貸款金額與每月還款本息： 假設貸款金額 500 萬、20 年期本息攤還、貸款利率 2.3%，每月貸款本息支出約 2.6 萬。

c.目前夫妻兩人已擁有基本壽險、醫療與意外保障。

d.已投保子女基本醫療意外保障。

(2)建議的保險商品與額度如下：
a.提高夫妻兩人之定期壽險保障各為400萬。收入高者，保障應較高。
b.提高夫妻兩人之意外身故保障各為400萬，以因應遺族需求。
c.透過團體保險或附加眷屬附約方式，為子女加保醫療險與意外保障。
d.未來尚有餘力，可透過彈性繳費方式投保利率變動型年金保險或變額年金保險儲蓄教育基金。

牛刀小試2：
保險經紀人或業務人員對於家庭主要經濟支柱早死，可以有哪些規劃的建議？
參考解答：
(1)早死指被保險人死得太早，可能因為意外事故或疾病、天災等各項事故身故。
(2)家庭生計者早死，遺族的生活與家庭生計者的最後費用與相關負債立刻產生短絀，家庭經濟立即陷入困境。應透過人身保險規劃，做好人身風險管理，降低事故發生對於家庭經濟之衝擊。
(3)保險規劃建議如下：
a.投保足夠的壽險與意外險身故保障：以定期保險或終身保險為主軸，搭配意外保險與醫療保險保障的最適保障規劃，可以在家庭生計者身故時，透過保險金獲得經濟上的財務安定。建議投保之壽險與意外險保額為所有負債加上遺族需要生活開銷(以15年估算)。
b.針對家庭生計者，仍應加強重大疾病、醫療與失能保障，以降低發生事故時之醫療費用負擔與經濟負擔。

第二節 精選考題與考題解析

壹、人身風險管理師考題選編、作者自編與參考解答

一、選擇題：

A　1.在國外當飛機失事時，大公司負責人與小職員的理賠額不同，請問係採用下列何項保險需求計算法？A.淨收入彌補法 B.遺族需要法 C.所得替代法 D.變額年金法

● 公司負責人或高階主管薪水高、小職員薪水低，因此保險需求或生命價值已分出高低。

B　2.用「淨收入彌補法」計算保險需求時，下列敘述何者錯誤？A.年紀越高，保險需求越低 B.個人支出占所得比重越大，保險需求越高 C.個人收入成長率越高，保險需求越高 D.投資報酬率越高，保險需求越低。

● 個人支出占所得比重越大，保險需求越低；因為個人支出需要自淨收入內扣除。

C　3.在空巢期(銀髮族)人生規劃較不考慮 A.休閒規劃 B.退休規劃 C.居住規劃 D.死亡規劃

● 居住規劃與空巢期階段之人生規劃，關聯性相對較低。

C　4.設算被保險人在正常狀況下，於工作生涯中所能創造的經濟收入總和，作為被保險人對家庭經濟的生命價值稱為 A.家庭需要法 B.所得累積法 C.生命價值法 D.倍數法

● 生命價值法或淨收入彌補法以工作生涯的淨收入現值衡量生命價值。

C　5.每年遺族生活費用為 30 萬，市場利率為 2%，請概算應有保額?　A.600 萬　B.1200 萬　C.1500 萬　D.1800 萬

二、簡答題：

1.請說明人身價值(保額)評定的意義。

參考解答：

人身價值評定的意義如下：

(1)預防保險詐欺：降低保險詐欺或道德風險之發生。

(2)確保保險利益之存在：避免濫用保險情形。

(3)確保保戶之繳費能力：保戶之年收入與年繳保費間應具合理關係，否則保費佔年收入過高，反而導致未來停效或終止。

(4)客觀合理計算客戶的保險需求：透過數量化的收入與支出計算，可以客觀合理評定客戶的壽險投保額度，並提升客戶信賴感。

2.請說明「保險需求」的計算有哪些方法？

參考解答：

(1)生命價值法 (淨收入彌補法)：

生命價值=未來收入的現值-未來支出的現值

(2)遺族需要法：

應有的投保保額=未來遺族所需的支出現值+身故後立即必要支出-身故時已儲蓄或投資金額

(3)家計勞務法：

應投保的壽險保額=淨收入現值+身故後衍生額外費用+家計勞務價值

(4)所得替代法：

應有保額 = 遺族所需生活費用 / 市場利率

(5)其他：子女教育基金預估法、資產負債表分析法、理財問卷法、保單健檢法與固定倍數法等。

3.參考 Black & Skipper 風險管理的論點，人身保險規劃有下列六個步驟：收集資訊、建立目標、分析資訊、發展計畫、執行計畫、定期監督並修正計劃，其中「分析資訊」步驟中，身為人身風險管理師應如何協助客戶進行資訊的分析？

參考解答：

分析資訊之主要目的是便於對未來保險需求的估計，可分為靜態分析、敏感度分析及動態分析三種，摘述如下：[31]

(1)靜態分析：若被保險人發生事故，其家庭需要多少保險理賠，才能維持既定之生活水準。

(2)敏感度分析：若預期與實際之通貨膨脹率或投資報酬率存在預期落差時，對於保險需求之影響。

(3)動態分析：指被保險人於各年度發生事故時，其保險需求之波動變化分析。

4.生命價值理論是評估人身保障的重要理論，請簡述之。

參考解答：

(1)生命價值法以被保險人未來收入扣除未來支出之折現值，估算其應有保險金額。

(2)公式如下：

a.生命價值=未來收入的現值-未來支出的現值

b.收入或收入成長率愈高，淨收入愈高。支出金額或支出成長率愈高，淨收入相對降低。另外，個人支出占所得比重越大，淨收入金額越低，因為個人支出需要自淨收入扣除。

5.人身保險在理財上的功能，請簡述之。

參考解答：

(1)可使個人理財或投資置產無後顧之憂

(2)可透過醫療險與傷害險降低緊急預備金需求

(3)可透過年金保險滿足退休生活所需

(4)可透過投資型保險滿足民眾投資與保障需求

(5)可透過儲蓄型保險滿足中長期儲蓄與保障需求

(6)可透過人身保險規劃，享有相關稅惠

6.保險與生涯規劃，一直是大家重視的焦點，請依年齡層，將生涯劃分為六個時期，並說明每個時期的保險規劃。

參考解答：

[31] 參風險管理學會，人身風險管理與理財，第13章。

隨著年齡的增長，家庭成員、事業發展與經濟負擔也隨之變化，此時保戶的理財工具與壽險需求自然也必須隨著變化。

期間	保險需求
探索期 15~24 歲	父母為子女購買基本壽險與健康險、傷害險
建立期 25~34 歲	基本壽險、醫療、傷害險保障
穩定期 35~44 歲	房貸壽險、保障型終身壽險、分期繳儲蓄型商品與投資型商品
維持期 45~54 歲	年金保險、儲蓄保險、投資型保險、長期醫療保險
空巢期 55~64 歲	年金保險、儲蓄保險、投資型保險與長期醫療保險
養老(退休) 期 65 歲後	躉繳年金、躉繳儲蓄險與保險金信託

7.生命價值理論的觀念為人壽保險經濟理論的基礎，是指個人在未來生命中所能賺取的收入現值，扣除個人未來之維持成本現值後之淨收入價值，人類生命之損失原因，主要有那四點？[32]

參考解答：

人類生命中之損失原因，主要包含以下幾項：

(1)死得太早

(2)活得不健康

(3)退休生活

(4)失業或收入偏低

---

[32] 參風險管理學會(2001), P.548-549

貳、人身保險經紀人：人身風險管理考題與參考解答

一、保險經紀人與代理人對於人壽保險客戶應當如何決定投保保額的問題，有許多不同的看法。在此稱之為人壽生命價值的判斷問題。請問對於你而言，面對一個投保客戶，應當如何分析與考慮客戶的那些不同背景因素，而決定推薦該客戶適當的人壽保險投保金額？在此請列舉數種不同個案，再一一扼要分析說明之。

參考解答：

1. 生命價值法之主要概念：透過被保險人未來收入扣除未來支出之折現值，估算其應有保險金額。
2. 遺族需要法之主要概念：依照被保險人身故後，其遺屬所需要的支出需求扣除被保險人身故時已儲蓄或投資金額，計算應有的壽險保額。
3. 針對不同客戶背景建議之壽險投保金額，列舉個案如下說明：

族群	摘要	建議壽險投保金額
企業高階主管	收入高、財富高、負債低、中高齡(45~60歲)、工作忙碌且壓力高	● 建議以年收入的 3~9 倍規劃壽險保額即可。 ● 應強化退休儲蓄與長期醫療保險商品。
社會新鮮人	收入低、支出高、尚未購屋、未婚	● 建議以生命價值法估算保額，投保金額約為年收入的 10~15 倍。 ● 規劃基本人身保險保障：建議投保定期壽險，搭配健康保險與傷害保險。
新婚族與小家庭族	收入低、支出高，低儲蓄、已購屋、已婚且子女年幼	● 建議以遺族需要法估算合理壽險保額。 ● 合理壽險保額=所有負債與支出加上未來遺族生活開銷。 ● 建議另投保傷害保險與醫療

族群	摘要	建議壽險投保金額
		保險，以降低緊急醫療費用或失能殘廢造成之經濟困頓。
儲備子女教育基金	子女就學中(例如：國中國小)，需要及早規劃大學教育基金與生活費	● 大學學費與生活費試算：約1百萬；並考量通貨膨脹。 ● 建議投保儲蓄保險、利率變動型保險或投資型保單，定期儲備子女教育基金，例如：每月1萬元。

二、通常「生命價值法」（Human Life Value Approach）是衡量人身價值最常用方法之一，請說明在生命價值法之計算公式中，應予考量之因素有那些？請分別說明之。

參考解答：

1.生命價值法以被保險人之未來收入扣除未來支出之折現值，估算其應有保險金額。公式如下：

生命價值=未來收入的現值-未來支出的現值

2.公式中應考慮因素：利率、收入金額、收入成長率、收入期間、支出金額、支出期間、支出成長率等變數。

三、有關如何計算人身風險保障額度，請回答下列問題：請以家庭資產負債表的角度，說明如何計算人身風險保障額度。請以替代所得的觀點，說明如何計算人身風險保障額度。

參考解答：

1.就家庭資產負債表角度，若考慮未來收支，資產負債表可列示如下：

(1)總資產：包含生息(金融)資產、自用資產加上未來收入現值。

(2)總負債：包含消費性負債、投資性負債與未來支出現值。

(3)淨值=總資產-總負債。淨值為正代表被保險人身故後，留有遺產給遺族；淨值為負則表示被保險人身故後，遺留負債給遺族。

(4)若淨值為負，建議被保險人須投保相當於淨值接近於零的保險金額，以避免債留遺族之困境。

(5)另外，單純考量個人或家庭的房屋貸款及相關債務金額後，就負債金額投保壽險保額，即是簡單的應有保額計算方式。此外，建議加上喪葬費用與緊急醫療費用等最後費用，可讓保障金額更符合家庭需求。

2.所得替代法(替代所得法)：

(1)假設被保險人身故或全部失能後，生活費用必須仰賴理賠金之利息收入支應，而理賠金本金留作遺產或可因應通貨膨脹之用。

(2)應有保額=遺族所需生活費用 / 市場利率。

四、人身保險為家庭危險管理計畫中相當重要之危險管理方法，身為保險經紀人，除對其基本功能之了解外，其規劃之先前作業為對財務管理方向之重視，試就一般個人及家庭之財務管理規劃方向申述之。

參考解答：

1.可使個人理財或投資置產無後顧之憂

2.可透過醫療險與傷害險降低緊急預備金需求

3.可透過年金保險滿足退休生活所需

4.可透過投資型保險滿足民眾投資與保障需求

5.可透過儲蓄型保險滿足中長期儲蓄與保障需求

6.可透過人身保險規劃，享有相關稅惠

五、對於一個30歲左右，家庭月所得6萬，已婚，有一個2歲小孩，剛剛貸款買了新房子的客戶，請列出應當考慮的各種因素，然後規劃保險建議書，為這位客戶設計一個適當而且完整的保險套餐做為建議之用。

參考解答：

1.應考慮因素：

(1)家庭月支出、月收入、年齡：假設每月生活費支出約 1.5 萬。

(2)貸款金額與每月還款本息： 假設貸款金額 500 萬、20 年期本息攤還、貸款利率 2.3%，每月貸款本息支出約 2.6 萬。

(3)目前夫妻兩人已擁有基本壽險、醫療與意外保障。

(4)已投保子女基本醫療意外保障。

2.建議的保險商品與額度如下：

(1)提高夫妻兩人之定期壽險保障各為 400 萬。收入高者，保障應較高。

(2)提高夫妻兩人之意外身故保障各為 400 萬，以因應遺族需求。

(3)透過團體保險或附加眷屬附約方式，為子女加保醫療險與意外保障。

(4)未來尚有餘力，可透過彈性繳費方式投保利率變動型年金保險或變額年金保險儲蓄教育基金。

六、試說明“早死（Premature death）”之定義及引起成本。又如保險經紀人考量以保險方式為家庭生計者（Breadwinner）處理此類危險，試說明如何運用之？

參考解答：

1.早死指被保險人死得太早，可能因為意外事故或疾病、天災等各項事故身故。

2.家庭生計者早死，遺族的生活與家庭生計者的最後費用與相關負債立刻產生短絀，家庭經濟立即陷入困境。應透過人身保險規劃，做好人身風險管理，降低事故發生對於家庭經濟之衝擊。

3.保險規劃建議如下：

(1)投保足夠的壽險與意外險身故保障：以定期保險或終身保險為主軸，搭配意外保險與醫療保險保障的最適保障規劃，可以在家庭生計者身故時,透過保險金獲得經濟上的財務安定。建議投保之壽險與意外險保額為所有負債加上遺族需要生活開銷(以 15 年估算)。

(2)針對家庭生計者，仍應加強重大疾病、醫療與失能保障，以降低發生事故時之醫療費用負擔與經濟負擔。

七、以家庭人身風險管理的觀念，一對剛結婚的夫妻，應如何進行保險規劃？此規劃是否會因被保險人之年齡而有差異？

參考解答：

1.確認保險保障是否足夠：剛結婚的夫妻首先需確認彼此是否已投保完整的壽險、健康險與傷害險保障，如果不足需要加保。
2.變更保險契約部分內容：結婚後，居住處所可能異動、保險受益人可依需要納入配偶，繳費方法也可能異動，需要一併檢視與變更。
3.一般說來針對剛結婚的夫妻，所需要的保障額度需調高，建議可將另一半列入受益人，並透過定期保險與意外保險增加保障額度為年收入的 10~15 倍。
4.被保險人之年齡階段不同，收入與支出不同、家庭成員狀況、理財需求、貸款與公司職務也不同，因此保險規劃需要隨之調整。

八、保險與生涯規劃有密不可分的關係，請將被保險人之年齡層劃分為若干期間，討論其每段時期之風險，並提供適當之保險規劃。

參考解答：

隨著年齡的增長，家庭成員、事業發展與經濟負擔也隨之變化，此時保戶的理財工具與壽險需求自然也必須隨著變化。

期間	學業/事業	家庭型態	主要資產與需求	保險需求
探索期 15~24 歲	高中、大學或研究所、服兵役	以父母為重心	1.活存、定存 2.節省開支	父母為子女購買基本壽險與健康險、傷害險
建立期 25~34 歲	社會新鮮人	結婚生子	1.小額儲蓄與投資 2.節省開支	基本壽險、醫療、傷害險保障
穩定期 35~44 歲	初階管理者	小孩上托兒所或小學	1.購屋、貸款 2.教育費用、生活費用	房貸壽險、保障型終身壽險、分期繳儲蓄型商品與投資型商品
維持期	中階管	子女就學	1.退休金儲蓄	年金保險、儲蓄

期間	學業/事業	家庭型態	主要資產與需求	保險需求
45~54 歲	理者、資深幕僚或主管	(國中、高中或大學)	與投資 2.償還貸款、換屋或購屋	保險、投資型保險、長期醫療保險
空巢期 55~64 歲	高階管理者、資深主管	兒女就業或成家後搬出	1.已累積許多財富 2.多元化資產配置	年金保險、儲蓄保險、投資型保險與長期醫療保險
養老(退休)期 65 歲後	經驗傳承、旅遊、社團	兒女成家、含飴弄孫	1.退休生活 2.穩健儲蓄與投資	躉繳年金、躉繳儲蓄險與保險金信託

九、試繪圖說明Friedman之收入及消費的生命週期(The life cycle of income & consumption)假設圖說，並依其理論試分析一個家庭主計者，可能會在何種情形下面臨家庭經濟不足之危險？宜如何規避？

參考解答：

Friedman 的生命週期或恒常所得理論，提出民眾之消費，主要決定於長期恒常所得，而非當期所得，而且民眾的消費，同時決定於薪資所得與財富。該理論亦為保險需求的重要理論，透過該理論可分析民眾各生命週期可能面臨的經濟不足危險，並進而提出危險管理方法。

1.在年輕時期的負儲蓄階段，宜加強人壽保險、醫療險與意外險保障：此階段家庭支出超過收入，為避免家庭生計者早死風險，應增加壽險保障與醫療意外保障，以因應緊急事故資金需求。

2.在正儲蓄階段，宜加強年金保險、長期醫療保障、儲蓄型或投資型保險：此階段家庭財富收入高於支出，應加強退休金、長期醫療保障與善用保險規劃儲蓄或投資理財，以因應退休後生活所需。

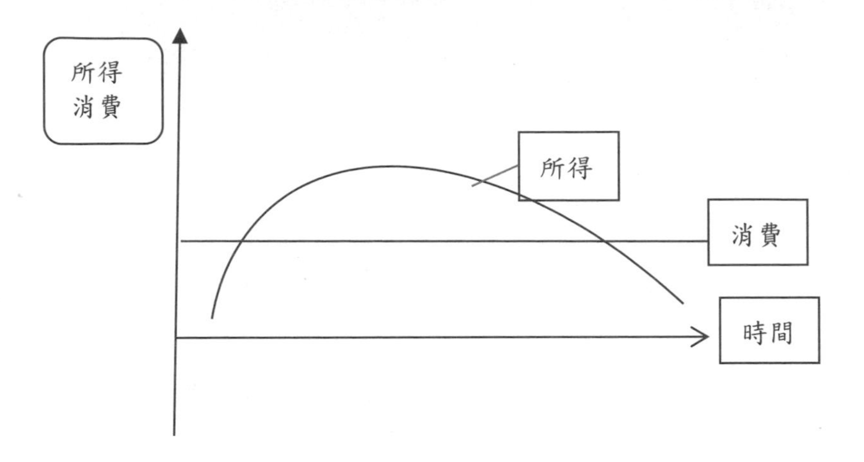

十、人們常因不健康(Poor health)致引起失能(Disability)之危險，試說明失能之定義與分類。身為保險經紀人如何運用保險為一個傳統式家庭(Traditional family)之家庭生計者(Breadwinner)規劃不健康之危險？

參考解答：

疾病易引起失能危險，造成被保險人全部失能、部分失能、永久失能或短期失能，不僅增加家庭醫療費用、看護成本負擔，也大大地衝擊著家庭經濟生活。針對家庭生計者之失能危險，建議保險規劃方向如下：

1.規劃長期照護保險：針對家庭生計者無法自行生活或器質性痴呆所致之失能，可透過規劃長期照護保險，支應被保險人長期照護與醫療費用之所需。

2.針對特定傷病或意外殘廢所致之不健康危險，建議可投保重大疾病、特定傷病保險及意外保險，增加家庭生計者之醫療與失能保障，若萬一事故發生，可以透過保險金作為安家費用與醫療費用的支應。

3.可投保包含豁免保費之商品或或加保豁免保費附約：針對特定傷病、殘廢或失能事故，建議投保豁免保費商品，以降低事故發生後的保費負擔。

十一、請舉一實例說明你會利用買那些保險商品為中小企業進行企業人身風險管理之規劃？

參考解答：

針對中小企業，建議之人身風險管理規劃如下：

型態	規劃摘要	規劃內容
員工基本意外、疾病與身故保障	企業團體保險結合福委會提撥基金	●團體壽險附加醫療、意外、職災與重大疾病保障。 ●福委會提撥員工額外慰問基金與主管慰問關懷金。
員工眷屬人身風險、員工個人保障缺口	企業員工自選專案結合企業個人保險顧問服務	●透過講座與顧問服務，提供員工與員工眷屬優惠保險專案。 ●福委會提撥主管慰問關懷金或祝賀金。
員工老年退休員工跳槽	勞工退休新制結合企業留才專案	●除勞工退休金個人帳戶外，針對符合資格員工，公司額外相對提撥資金投入年金保險商品或信託商品。
企業重要主管身故或重病	企業重要主管保險搭配輪調培訓制度規劃	●針對重要主管之身故或重病等重大事故，公司額外提撥準備金與投保重要主管保險，以降低事故發生對於公司之衝擊。 ●搭配主管輪調培訓制度。

十二、如果你幫一個35歲的消費者進行壽險保障規劃，請說明利用生命價值法與財務需求法所計算之保額會有什麼不同？你會適用那一種方法幫您的客戶作規劃？為什麼？

參考解答：

假設該消費者年齡35歲、收入金額等於支出金額、已婚、育有一子並已購屋，比較兩種方法之差異如下：

1.生命價值法與遺族需要法比較

方法	摘要	差異
生命價值法	● 淨收入(生命價值)=未來收入的現值-未來支出的現值。	● 由於收入金額相近於支出金額，因此估算出來的生命價值金額偏低。
遺族需要法(財務需求法)	● 應有的投保保額=未來遺族所需的支出現值+身故後立即必要支出-身故時已儲蓄或投資金額。	● 由於未來遺族生活需求大且負債高，而且已儲蓄或投資金額低，因此估算出來的應有保額金額頗高。

2.適用那一種方法幫您的客戶作規劃與原因：

(1)建議以遺族需要法(財務需求法)計算應有的壽險保障金額。

(2)若以生命價值法估算壽險保障需求，將造成所需的壽險保障金額偏低的問題，無法符合被保險人與其家屬之實際保障需求。尤其被保險人若死得太早，則遺族生活立即陷入困境，所以壽險保障規劃不應單純就被保險人個人的淨收入觀點預估，而應從遺族需求角度評估，才能真正估算出合理保障金額。

十三、請說明對企業與個人進行「財務安全需求分析」時，會有何不同的考量與方法？請舉兩個實例說明，你會利用買那些保險商品幫一個新成立的企業與一個剛大學畢業的新鮮人進行人身風險管理之規劃？

參考解答：

1.個人評估財務安全需求分析，主要考量於個人或家庭的收入、支出、遺族未來資金需求、利率、已儲蓄或投資金額等變數，通常使用生命價值法或遺族需要法評估壽險需求。

2.就新成立之企業來說，其財務安全需求分析，主要考量企業整體的意外事故損失、人身與職災損失、雇主責任、員工福利制度與企業負擔能力等面向。

3.列表舉例比較二者之人身風險管理規劃如下：

型態	主要考量與規劃方向	人身風險規劃內容
新成立的企業	●整體的意外事故損失 ●人身與職災損失 ●雇主責任、員工福利制度 ●企業負擔能力	●團體壽險附加醫療、意外、職災與重大疾病保障。 ●福委會提撥員工額外慰問基金與主管慰問關懷金。
剛大學畢業的新鮮人	●以基本壽險身故保障、意外保障與醫療保障為主軸 ●由於未婚、收入低、支出比例高、保費預算有限。 ●建議同時透過生命價值法與遺族需要法估算合理保額。	●以定期壽險搭配醫療保險與意外保險，以提供新鮮人基本的身故、意外與醫療保障。

第五章 市場指標、保險經營、退休金概要與考題解析

第一節 市場趨勢與指標、保險經營與退休金概要

第二節 精選考題與考題解析

- ✧ 什麼是保險密度？保險滲透度？
- ✧ 什麼是保險金信託？
- ✧ 如何申訴？如何申請評議？
- ✧ 什麼是核保？什麼是優良體？
- ✧ 什麼是 RBC？
- ✧ 社會保險與退休金有何重點？

第五章 市場指標、保險經營、退休金概要與考題解析

第一節 市場趨勢與指標、保險經營與退休金概要

一、跨業經營與銀行保險趨勢

金融控股公司成立，金融機構跨業經營已成為一個趨勢，尤其金控公司均採取保險與金融雙引擎營運策略，以提升長期穩定獲利與業績。近年來人身保險初年度保費中，銀行通路業績佔率大約六成，顯見保險金融跨業經營與銀行保險已成為產業趨勢。

另外，從財富管理觀點來看，壽險商品之儲蓄投資與保障功能，更能強化銀行財富管理商品之缺口，也因此壽險商品已成為財富管理或個人理財規劃中，不可或缺的重要一環。進一步分析，壽險商品與銀行存款或基金商品的整合優勢如下：

1.人壽保險商品為長期商品，銀行存款商品主要為短期商品，透過長期商品可補銀行商品之不足。
2.萬能保險、利率變動型年金或躉繳儲蓄保險之儲蓄功能強，而且中長期商品報酬率常高於定期存款利率或活期存款利率，因此頗受存款戶青睞。
3.變額年金保險或投資型保險提供多元化基金商品與壽險或年金保障，商品特質與共同基金各有優劣，可以補強銀行基金信託商品平台。
4.透過壽險商品的稅惠，結合信託商品的專業管理與投資，可讓保險金給付更具彈性與安全性。

二、 重要市場指標[33]

1.保險密度

(1)公式 = 期間內總保費收入 / 人口數；代表平均每人的保費支出金額。

[33] 參保險事業發展中心網站資訊(2015/12)

(2)意義：若以人身保險為例，人身保險保險密度金額愈高，代表著當年度平均每人繳納保費愈高；另外相對來說，高保險密度，也代表民眾對於高保費的保險商品的偏好愈強。

(3)103 年度台灣地區之人身保險保險密度約為 11.8 萬元，金額頗高。

2.保險滲透度

(1)公式 ＝ 期間內總保費收入 / GDP；相當於全國或該地區之當年度平均保費收入之所得佔率。

(2)若以人身保險為例，人身保險保險滲透度愈高，代表當年度民眾花費在人身保險的支出佔率高。

(3)103 年度台灣地區之人身保險保險滲透度約為 17.2%，居全球之冠。

3.人壽保險及年金保險普及率

(1)公式=人壽保險及年金保險(有效契約)保額 / 國民所得。

(2)意義：相當於全國或該地區人壽保險及年金保險有效契約保額之國民所得佔率。若以人壽保險為例，普及率高，表示有效契約保額高達國民所得的數倍。

(3)103 年底台灣地區之人壽保險及年金保險普及率約為300%，代表就有效契約保額為當年度國民所得的 3 倍。

4.人壽保險及年金保險保險投保率

(1)公式=人壽保險及年金保險(有效契約)投保件數 / 人口數。

(2)意義：相當於平均每人已投保之有效保單數。若以人壽保險為例，特定年齡層投保率高，表示該年齡層平均每人投保多張保單；反之，若該年齡層投保率偏低，表示該年齡層部分民眾尚未投保壽險或投保件數少。

(3)103 年底台灣地區之人壽保險及年金保險投保率約為230.6%，代表整體平均來說，平均每人已投保約 2.3 張保單。

三、壽險核保概要[34]

就壽險公司角度，透過核保或稱危險選擇，可避免或有效降低逆選擇、道德危險或避免濫用保險之情形，使得理賠給付金額與理賠率獲得合理控制、費率趨向公平合理。就業務人員角度，若核保品質差，理賠給付金額與理賠率惡化、公司獲利將受影響，未來商品保費須調高或商品佣金須下調，可見核保對於公司經營的重要性。

壽險公司核保或危險選擇，可分為以下四階段：

1. 第一次危險選擇：由壽險業務人員負責，透過親晤保戶、業務人員報告書與告知事項等要保文件或資訊。
2. 第二次危險選擇：主要由體檢醫師負責，針對抽檢案件、超過免體檢額度或體況件，透過體檢與病歷等文件與資訊，作進一步的危險選擇。
3. 第三次危險選擇：主要由核保人員負責，針對要保文件、健康告知、病歷、體檢報告、健康問卷、額外風險數據或體檢醫師意見，對於被保險人進一步採取適宜的核保措施。
4. 第四次危險選擇：主要由調查人員負責，針對個案採取相關調查，以便進一步對於被保險人採取相關危險選擇措施。

另外，被保險人核保體況可區分為標準體、優良體(優體)與次標準體(弱體)。核保人員若評估被保險人潛在死亡風險低於生命表的死亡風險，則代表被保險人體況屬於標準體或優體，可依標準保費承保或更低保費承保；若評估被保險人潛在死亡風險明顯高於生命表的死亡風險，則代表被保險人體況為弱體，應該採取加費等特別條件承保。被保險人的額外危險之型態可區分為遞增型、遞減型或固定型(經常性)，摘列如下：

1. 遞增型額外危險：隨著年齡的提高，額外危險逐漸增高；諸如：血管疾病、糖尿病。如果額外風險屬於遞增型，則核保人員可採取特別保險費加費法，在保險期間內加收一定數額的保費，諸如加收 50%的保費。

---

[34]參風險管理學會，人身風險管理與理財，P.48-49；呂廣盛，個人壽險核保概論，P.73、壽險公會，業務員資格測驗統一教材第六章

2.遞減型額外危險：隨著年齡的提高，額外危險逐漸降低。諸如：消化性潰瘍疾病。對於遞減型額外危險，許多壽險公司採取年齡加費法或透過削額給付法因應。

3.固定型額外危險：隨著年齡的提高，額外危險持續維持，並不會增高或降低；諸如：特定職業災害。對於固定型額外危險，許多壽險公司採取年齡加費法因應。

牛刀小試：

核保人員在審核契約時，若採用特別條件承保，通常有數種方式，請敘述之。

參考解答：

1.削額給付：針對遞減性質的額外危險，壽險公司可約定契約訂立後特定期間內身故，身故保險金必須依約定削減後的金額給付。諸如：前 2 年身故，給付保險金額的 50%或 75%。

2.加費承保：對於遞增型額外危險或固定型額外危險，可以透過加費方式反應額外危險。諸如：針對體重過重或有血管疾病保戶，可收取特別保費。另一方面，對於固定型額外危險，可考慮透過年齡加費法加收保費。

3.改換險種：對於特定承保案件，若投保高危險保額商品，保險公司須承擔較高的風險。此時可建議保戶更換投保的險種，改為危險保額較低，儲蓄功能較強的儲蓄型保險商品。

4.其他方式：延期承保、列為除外事項、限制理賠金額或限制理賠次數等。

四、社會保險與退休金相關要點

1.社會保險與商業個人人身保險之比較

相較之下，商業人身保險為營利性質，經營主體為壽險公司，且保險給付主要為現金給付，投保額度依保戶財力而定；相較之下，與社會保險制度差異頗多。

表5-1　社會保險與商業保險之比較

項目/險種	商業人身保險	社會保險
經營目的	營利	社會政策(非營利)
經營對象	壽險公司	政府單位，諸如健保署、勞保局等機構
承保對象	自然人	特定身分之自然人
保險給付	主要為現金給付	現金給付+醫療服務等
保費負擔	要保人自行負擔	雇主、政府與投保人共同負擔
投保要求	自由投保	強制投保
保障原則	保障內容與額度多元，隨保戶需求而定	基本保障，保戶無從選擇
保費折扣與繳費方式	● 可能有集體彙繳折扣、轉帳或信用卡折扣 ● 可選擇年繳、半年繳、季繳、月繳等各種方式	無保費折扣且通常為每月繳納模式

資料來源：參謝淑慧、黃美玲(2012)，P.32~35 與壽險公會(2012)，第五章與廖勇誠(2014)。

2.三層制老年經濟安全制度

(1)主要先進國家多以世界銀行所建議的三層制老年經濟安全制度建構老年經濟安全制度，列舉說明如下[35]：

a.第一層：公營退休年金制度，主要由政府經營並透過強制參加及保費補貼方式運作，例如國民年金保險與勞工保險年金給付。

---

[35]所得替代率常用於退休金規劃。公式 = 預估退休後每月年金給付金額 / 退休前每月薪資收入金額

範例：廖老師退休前薪資收入為 6 萬，退休後每月勞工保險保險年金給付金額為 2.5 萬，勞工退休金個人帳戶每月月領 1 萬，請問所得替代率多少？（35,000）/ 60,000 = 58.3%

b.第二層：企業退休年金制度，主要由企業雇主推動之退休金制度，並透過法令要求或稅惠方式運作，例如勞工退休金個人帳戶制或年金保險制。

c.第三層：個人退休年金制度，透過稅惠誘導民眾自願規劃退休金或年金，例如：鼓勵民眾透過自行繳納保費投保傳統壽險型年金保險、利率變動型年金保險或變額年金保險。

(2)各層的年金制度中，各有不同的主軸與焦點，各層之間相輔相成。公營年金部分僅能提供民眾普遍且基本的退休養老生活保障；不足部分有賴企業年金制度與個人年金制度補足。

3.確定提撥制與確定給付制之比較

確定給付制之退休金給付金額標準已預先明確規範，但提撥比率卻是變動的。例如：勞基法老年給付最高給付45個基數，但雇主退休金提撥比率為2~15%；另外勞保年金領取公式為月投保薪資×年資×替代率，也是預先明確規範。

相較之下，確定提撥制的退休金給付金額標準並未明確規範，但定期提撥比率已預先確定。例如：勞工退休金每月由雇主固定提撥薪資的6%，但老年給付金額視帳戶餘額而定，並無保證或承諾，亦無確定的給付公式或給付標準。

表5-2　確定提撥制與確定給付制之比較

項目/險種	確定給付制　DB	確定提撥制　DC
退休金給付	退休金給付標準已預先明確規範	退休金給付標準未預先規範
提撥金額或比率	提撥金額或比率變動	提撥金額或比率確定
投資風險	由雇主或政府承擔	由員工承擔
對雇主的成本	變動	固定
個人帳戶	無個人帳戶	擁有個人帳戶

4.世界上實施公共年金保險制度之財源模式[36]

(1)稅收制：透過國家的稅收來支應年金制度的所有各項給付支出，通常高稅率國家才能有足夠稅收支應；諸如：加拿大、丹麥、紐西蘭、澳大利亞、瑞典等。

(2)公積金制：企業雇主每月依照員工薪資的特定比率，按月提撥到員工個人帳戶，員工退休時一次或以年金方式領取老年給付之方式；諸如：新加坡、智利、墨西哥等。

(3)社會保險制：採社會保險方式辦理公營年金，由被保險人、雇主與政府三者分擔保費，退休時由民眾以一次給付或年金方式領取老年給付之方式，諸如：台灣、美國、英國、法國、德國與日本等。

5.國內就業保險實施規範

(1)民國 92 年 1 月 1 日經立法院三讀通過就業保險法，實施就業保險。

(2)保險對象：年滿十五歲以上，六十五歲以下之受僱勞工。

(3)保險給付：

a.失業給付：失業前六個月平均月投保薪資的 60%；若扶養無工作收入的配偶、未成年子女或身心障礙子女，每 1 人可加發平均月投保薪資之 10%，最多加計 20%。失業給付領取期間為 6 個月；若已年滿 45 歲或領有身心障礙證明者，失業給付最長發給 9 個月。

b.其他給付：提早就業獎助津貼、職業訓練生活津貼、育嬰留職停薪津貼與全民健康保險費補助等。

五、保險金信託商品

1.信託之當事人及關係人主要為委託人、受託人及受益人；委託人是原信託財產所有人或權利擁有者；受託人為銀行信託部，即為協助管理財產及處份財產之當事人；信託受益人則為享有信託利益者。保險金契約之主要涵義為保戶投保壽險後預立保險金信託契約，若未來保險事故發生，壽險公司將保險金給付

---

[36]參考謝淑慧、黃美玲，社會保險，第五章

予銀行信託部，由銀行信託部代為管理及運用保險金，並依照信託契約約定給付資金予受益人。

圖 5-1 信託當事人與關係人範例

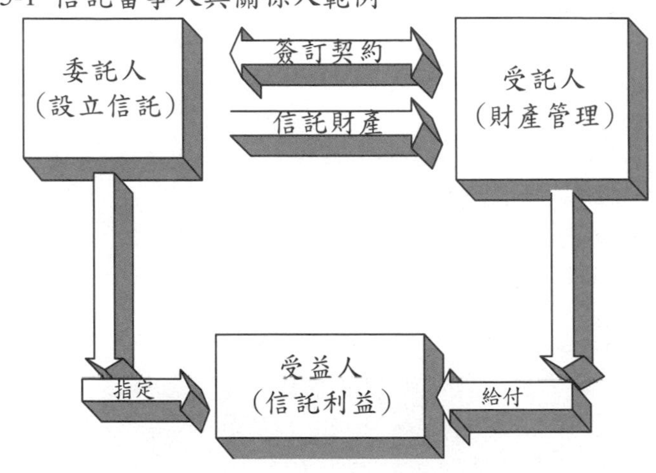

圖 5-2 保險金信託之當事人及關係人範例

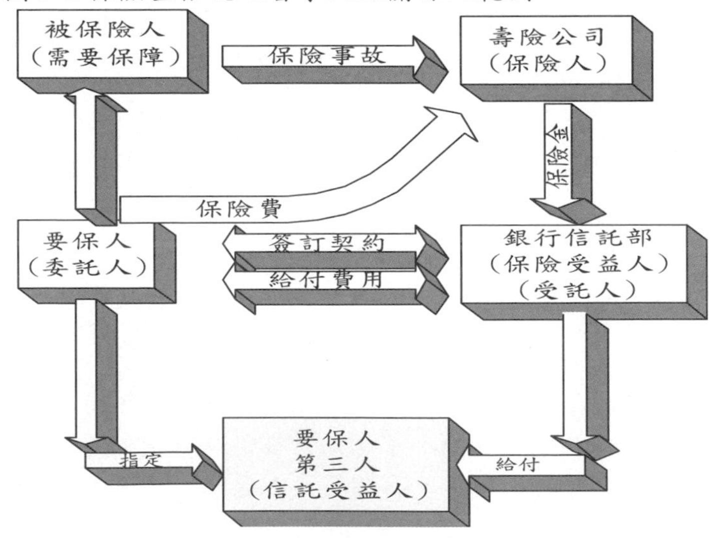

2.主要保險金信託商品

透過保險契約結合信託契約之安排，不但可以獲得專業安全管理，更可以同時結合保險與信託的部分稅惠。另外，透過信託機制妥善規劃，可以避免遺產特留分之限制。

(1)死亡保險金信託：對於幼童或身心障礙遺族或不善理財的遺族，透過死亡保險金信託，可以更放心未來遺族之經濟來源。

(2)生前契約信託：殯葬禮儀服務結合死亡保險金信託，預先規劃身後禮儀服務。

(3)生存保險金、年金信託或滿期金信託：善用每年贈與額度分年贈與，並將生存保險金、年金或滿期金，透過信託機制獲得專業管理。

(4)滿期保險金信託：滿期保險金結合信託機制後，受益人可以定期由信託財產獲得信託利益，例如：可為子女規劃教育基金、留學基金或創業基金。

圖 5-3 保險金信託業務模式

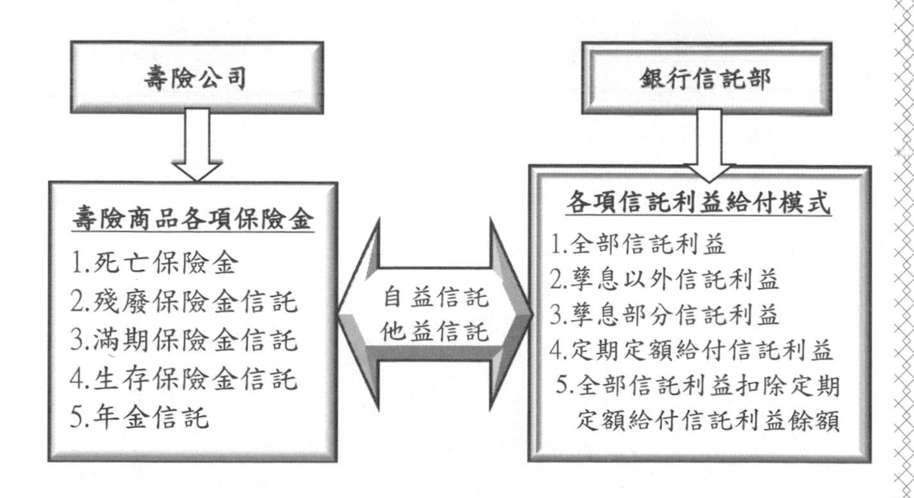

六、遺產稅、贈與稅與所得稅規範與稅惠摘要

依據所得稅法、遺贈稅法、所得稅基本稅額條例以及 104 年度之免稅額與扣除額標準，摘列人身保險課稅規範與稅惠如下：

1.遺產稅重要規範(依據遺產與贈與稅法)

遺產稅按被繼承人死亡時，其遺產總額減除各項扣除額及免稅額後之課稅遺產淨額，課徵百分之十。

(1)約定於被繼承人死亡時，給付其所指定受益人之人壽保險金額、軍、公教人員、勞工或農民保險之保險金額，不計入遺產總額計算。

(2)104 年度遺產稅免稅額為 1,200 萬。

(3)國稅局針對鉅額投保、高齡投保、重病投保、短期密集投保、躉繳投保、舉債投保、保險費相當於保險給付、年金保險與投資型保險等情況，將依照實質課稅原則，將保險給付併入遺產課徵遺產稅。

2.贈與稅重要規範(依據遺產與贈與稅法)

(1)贈與稅按贈與人每年贈與總額減除扣除額及免稅額後之課稅贈與淨額，課徵百分之十。

(2)贈與稅納稅義務人，每年得自贈與總額中減除免稅額 220 萬元(104 年度)。

(3)贈與稅之納稅義務人為贈與人。

(4)被繼承人死亡前二年內贈與配偶及相關繼承人之財產，應於被繼承人死亡時，視為被繼承人之遺產，併入其遺產總額。

3.個人綜合所得稅重要規範(依據所得稅法)

(1)納稅義務人、配偶或受扶養直系親屬之人身保險、勞工保險、國民年金保險及軍、公、教保險之保險費，每人每年扣除數額以不超過 24,000 元為限。但全民健康保險之保險費不受金額限制。(104 年度)

(2)人身保險、勞工保險及軍、公、教保險之保險給付，免納所得稅。

4.最低稅負制(依據所得稅基本稅額條例)

(1)個人之基本稅額：基本所得額扣除免稅額後，按百分之二十計算之金額。104 年度之免稅額為 670 萬元。

(2)個人之基本所得額：為依所得稅法規定計算之綜合所得淨額，加計下列各項金額後之合計數：

a.境外所得：未計入綜合所得總額之非中華民國來源所得，但一申報戶全年之境外所得合計數未達 100 萬元者，免予計入。

b.施行後所訂立受益人與要保人非屬同一人之人壽保險及年金保險，受益人受領之保險給付。但死亡給付每一申報戶全年合計數在 3,300 萬元以下部分，免予計入。[37]

c.私募證券投資信託基金之受益憑證之交易所得。

d.依所得稅法或其他法律規定於申報綜合所得稅時減除之非現金捐贈金額。

e.施行後法律新增之減免綜合所得稅之所得額或扣除額，經財政部公告者。

七、金融消保法與金融消費評議中心要點

1.金融消保法於 101 年度開始實施，制定目的為保護金融消費者權益，公平、合理、有效處理金融消費爭議事件，以增進金融消費者對市場之信心，並促進金融市場之健全發展。金融消保法實施後，成立金融消費評議中心以公平、合理且有效地處理金融保險相關的爭議案件。

2.適用的金融產業：銀行業、證券業、期貨業、保險業、電子票證業及其他經主管機關公告之金融服務業，皆需要納入規範。

3.金融消保法要求壽險業者應遵循以下事項：

(1)金融服務業與金融消費者訂立提供金融商品或服務之契約，應本公平合理、平等互惠及誠信原則。

[37]依照 104 年之扣除額標準

(2)金融服務業刊登、播放廣告及進行業務招攬或營業促銷活動時，不得有虛偽、詐欺、隱匿或其他足致他人誤信之情事，並應確保其廣告內容之真實。
(3)金融服務業與金融消費者訂立提供金融商品或服務之契約前，應充分瞭解金融消費者之相關資料，以確保該商品或服務對金融消費者之適合度。
(4)金融服務業與金融消費者訂立提供金融商品或服務之契約前，應向金融消費者充分說明該金融商品、服務及契約之重要內容，並充分揭露其風險。
(5)依金融消費者保護法規定，金融保險消費者須先向金融保險業者提出申訴，如不接受金融保險業者的申訴處理結果，或金融保險業者超過30天不為處理者，可向評議中心申請評議。

八、壽險公司經營風險與風險管理方法

壽險公司經營面臨的風險與可採行之風險管理方法如下：[38,39]

---

[38]摘錄自保險業風險管理實務作業準則內容

[39]常見之風險管理評估方法或機制，摘錄如下：1.存續期間(Duration)或凸性分析(Convexity)：存續期間是現金流量現值的加權平均，可用來衡量商品價格對利率變動的反應；凸性分析則是進一步衡量商品價格對利率的敏感程度。投資組合可以透過資產與負債的現值及存續期間的一致，以及較大凸性的資產以達到風險免疫。2.風險值(Value at Risk)或條件尾端期望值(CTE)：透過風險值可以在一定期間內及信心水準下計算市場正常情況之最大可能損失，亦可進一步透過條件尾端期望值衡量在此信心水準以上所有可能損失的平均值。3.資金流動比率(Liquidity Ratio)：資金流動比率即流動資產與流動負債之比值，用以衡量對即將到期債務的償債能力，又稱償債能力比率。投資策略通常會將資金流動比率納入考量，同時也會依不同時期的資金需求估計其安全邊際。4.現金流量管理(Cash Flow Management)：現金流量管理係透過現金流量相關分析工具建立資產與負債之現金流量的管理制度，以確保企業生存與正常營運的能力。5.確定情境分析(Deterministic Scenario Testing)：為了衡量未來現金流的不確定性，資產負債管理可以透過某些特定情境來評估影響程度。這些特定情境通常可分為歷史情境和假設情境，其中歷史情境為過去所發生之事件；假設情境則是指未來可能發生但尚未發生之事件。6.隨機情境分析

1.市場風險：

(1)指資產價值在某段期間因市場價格變動，導致資產可能發生損失之風險。

(2)風險管理機制：保險業應針對涉及市場風險之資產部位，訂定適當之市場風險管理機制，並落實執行，諸如敏感性分析與壓力測試。

2.信用風險：

(1)指債務人信用遭降級或無法清償、交易對手無法或拒絕履行義務之風險。

(2)風險管理機制：保險業應針對涉及信用風險之資產部位，訂定適當之信用風險管理機制，並落實執行，諸如交易前後之信用風險管理與信用分級限額管理。

3.流動性風險

(1)包含資金流動性風險及市場流動性風險。資金流動性風險指無法將資產變現或取得足夠資金，以致不能履行到期責任之風險。市場流動性風險指由於市場深度不足或失序，處理或抵銷所持部位時面臨市價顯著變動之風險。

(2)資金流動性風險管理機制：保險業應依業務特性評估與監控短期現金流量需求，並訂定資金流動性風險管理機制，以因應未來之資金調度，諸如現金流量模型管理。

(3)市場流動性風險管理機制：保險業應考量市場交易量與其所持部位之相稱性。對於巨額交易部位對市場價格造成重大影響，應謹慎管理。

(Stochastic Scenario Testing)：為了衡量未來現金流的不確定性，資產負債管理亦可以透過設定許多不同的假設，依據各種參數設定以模型來模擬許多情境的隨機情境分析方式來評估影響程度，模擬次數通常在1,000次以上。7.壓力測試(Stress Testing)：壓力測試是金融機構用以衡量可能發生事件所導致潛在損失的重要方法，特別是指事件發生的概率很低，可能這個事件在未來會發生，也可能在歷史上已經發生過。其主要目的為彙整公司整體部位在極端事件發生時可能的損失，也可以作為測試資本適足程度的一種方法。

4.作業風險

(1)指因內部作業流程、人員及系統之不當或失誤，或因外部事件造成之直接或間接損失之風險。

(2)風險管理機制：適當之權責劃分、保留交易軌跡、強化法令遵循與危機處理等。

5.保險風險

(1)指經營保險本業於收取保險費後，承擔被保險人移轉之風險，依約給付理賠款及相關費用時，因非預期之變化造成損失之風險。

(2)風險管理機制：保險業對於商品設計及定價、核保、再保險、巨災、理賠及準備金相關風險等，應訂定適當之管理機制，並落實執行。諸如壽險業執行利潤測試與敏感度分析等定價管理模式。

6.資產負債配合風險

(1)指資產和負債價值變動不一致所致之風險，保險業應根據所銷售之保險負債風險屬性及複雜程度，訂定適當之資產負債管理機制，使保險業在可承受之範圍內，形成、執行、監控和修正資產和負債相關策略，以達成公司預定之財務目標。

(2)風險管理機制：存續期間分析、風險值、現金流量管理、隨機情境分析與壓力測試。

7.其他風險

九、金融保險業風險管理的趨勢

市場競爭激烈、風險層出不窮，為因應風險，金融保險業者、主管機關與相關企業無不落實風險管理。此外，監理機關也將風險管理納入金融保險相關法規內，要求金融保險業建立完整的風險管理制度並定期實施金融保險業務檢查。

此外金融保險業風險管理已轉為整合性風險管理並成立專責風險管理主管與風險管理部門之制度，走向專業專職化、全面化、多元化與系統化的風險管理制度。摘列說明如下：

1.主管機關將風險管理納入監理相關法規內，並定期實施業務查核。

2.企業風險管理已走向整合性風險管理趨勢：風險管理走向全面化、多元化與系統化的風險管理制度，並結合公司策略與營運、資訊與行銷等各項業務。金融保險業風險管理制度涵蓋公司治理、內部控制、稽核、自行查核、法令遵循、會計師查核、風險控管與分層負責等制度[40]。

3.風險管理走向專職化：金融保險業普遍設有風控長與風險管理部門。

4.金融保險風險管理已成關鍵因素：金融海嘯後，突顯金融保險風險管理的重要性與衝擊性，金融保險風險管理、財務風險管理與資產負債管理更形重要。

5.資訊科技風險管理更形重要：網路科技發達與產業市場競爭激烈，尤其資訊科技風險事件，對於企業之衝擊更高更廣，使得資訊科技風險管理更形重要。

十、風險管理制度的關鍵成功因素探討

如何成功落實風險管理制度，可分項列述如下：

1.設立專職風險管理組織與專業人員：設立風險管理委員會、風控長、風險管理經理與專業風險管理職員。透過全公司各層級與跨部門間之分工合作，協力推動風險管理制度。

---

[40]摘錄自保險業內部控制與稽核制度實施辦法與作者意見：保險業之內部控制制度，應配合以下措施：(1)內部稽核制度：設置稽核單位，負責查核各單位，並定期評估營業單位自行查核辦理績效。(2)法令遵循制度：由法令遵循主管依總機構所定之法令遵循計畫，適切檢測各業務經辦人員執行業務是否確實遵循相關法令。(3)自行查核制度：由各業務、財務及資訊單位成員相互查核業務實際執行情形，並由各單位指派主管或相當職級以上人員負責督導執行，以便及早發現經營缺失並適時予以改正。(4)會計師查核制度：由會計師於辦理保險業年度查核簽證時，查核保險業內部控制制度之有效性，並對其申報主管機關報表資料正確性、內部控制制度及法令遵循制度執行情形表示意見。(5)風險控管機制：應建立獨立有效風險管理機制，以評估及監督其風險承擔能力、已承受風險現況、決定風險因應策略及風險管理程序遵循情形。另外，搭配公司治理制度、專職分析的風險管理制度與金融業務檢查制度後，構建出完整的風險管理制度。

2.全面納入風險管理：金融保險業風險管理制度涵蓋公司治理、內部控制、稽核、自行查核、法令遵循、會計師查核、風險控管與分層負責等制度
3.實施定期風險分級呈報通報制度。
4.實施風險限額管理與額外風險管理。
5.落實風險調整後績效管理制度。
6.明確將風險管理機制納入作業流程與系統內。
7.建置完善風險管理資訊系統，以提供即時與E化的風險管理資訊。

十一、保險業資本適足比率(RBC 比率)

1.保險法關於資本適足比率(RBC 比率)之規定

保險法第一百四十三條之四

保險業自有資本與風險資本之比率，不得低於百分之二百；必要時，主管機關得參照國際標準調整比率。

保險業自有資本與風險資本之比率未達前項規定之比率者，不得分配盈餘，主管機關並得視其情節輕重為其他必要之處置或限制。

前二項所定自有資本與風險資本之範圍、計算方法、管理、必要處置或限制之方式及其他應遵行事項之辦法，由主管機關定之。

2.RBC 比率之定義與計算基礎

依據保險業資本適足性管理辦法與壽險業 RBC 比率填報資訊，摘列如下：

(1)RBC 比率＝（自有資本／風險資本）×100%

(2)自有資本愈高，RBC 比率愈高；自有資本：指保險業依法令規定經主管機關認許之資本總額；其範圍包括經認許之業主權益與其他依主管機關規定之調整項目。

(3)風險資本：依照保險業實際經營所承受之風險程度，計算而得之資本總額；其範圍包括下列風險項目：資產風險、保險風險、利率風險與其他風險。

(4)實務上壽險業計算風險資本時，需要分別針對以下各項風險進行評估計算：

C_0：資產風險--關係人風險

C_1：資產風險--非關係人風險

C_{1O}：資產風險--非股票之資產風險

C_{1S}：資產風險--非關係人股票風險

C_2：保險風險

C_3：利率風險

C_4：其他風險

(5)風險資本=Σ各資金運用標的、商品或資產 x 風險係數。無風險資產或低風險資產之風險係數較低、中高風險資產之風險係數較高。風險係數與K值，主管機關定期檢視與調整。風險係數數值介於0~1之間：例如：銀行存款的風險係數為0、債券型基金的風險係數為0.081、K=0.5。風險資本之計算公式如下：

$$風險資本 = K \times \left(C_0 + C_4 + \sqrt{(C_{1O} + C_3)^2 + C_{1S}^2 + C_2^2} \right)$$

第二節 精選考題與考題解析

壹、人身風險管理師考題選編、作者自編與參考解答

一、選擇題：

B　1.凡屬滿一定年齡以上之國民，或符合一定條件之居民，均可領取政府發給公共年金給付制度稱為 A. 社會年金保險 B. 國民年金 C.社會救助 D.公積金

B　2.下列有關社會保險的敘述，下列何種正確？　A.保費完全由政府提供　B.通常採用強制投保方式　C.主要針對財產損失風險　D.保費通常含有佣金。

● 社會保險主要保障事故為人身風險，且並無佣金給付問題。

C　3.下列何種為確定提撥制(DC)：(1)勞工退休金新制；(2)勞保年金制度；(3)美國 401(K)制度；(4)新加坡公積金制度？ A.1234　B.123　C.134　D.34。

● 社會保險年金給付，諸如：勞工保險、國民年金與公教人員保險給付，皆為確定給付制。勞工退休金個人帳戶制、401K 制度與新加坡公積金制度則為確定提撥制。

C　4.目前國民年金保險的財務處理方式為？　A.隨收隨付制　B.完全提存準備　C.部分提存準備　D.賦課制

● 台灣的社會保險仍以部分提存準備制度為原則。

C　5.我國勞工保險所採行之保費計算方式為？　A.均等保費率制　B.累進費率制　C.等級比例制費率制　D.固定比例費率制。

● 我國勞工保險區分 20 個投保薪資等級。
● 被保險人自己負擔之勞工保險保險費=投保薪資 x 保險費率 x 保費負擔比例。

B 6.就全民健康保險而言，下列何者為已實施之制度？(1)總額預算制；(2)診斷關聯群(DRG)；(3)論人計酬制；(4)部分負擔制。 A.1234 B.124 C.134 D.234。

- 全民健保並非論人計酬制；針對不同病患與不同疾病，將有不同的健保給付。

C 7.下列敘述何者有誤：A.全民健康保險之投保方式為強制性 .B 商業性健康保險以營利為目的 C. 全民健康保險以健康狀況作為是否同意投保與核定保費費率的考慮因素 D.所得比較高、並且比較健康的人，較可能享有商業健康保險的保障

- 全民健保為社會保險，具強制性，因此並無商業保險之核保或體檢制度。

D 8.勞工退休金新制和舊制勞基法退休制度所採行的制度類別為何？ A.二者均採確定給付制 B.二者均採確定提撥制 C.新制採確定給付制，舊制採確定提撥制 D.新制採確定提撥制，舊制採確定給付制

- 新制為 DC 制度(確定提撥制)，每年提撥 6%的投保薪資。舊制為 DB 制度(確定給付制)，諸如：給付最高 45 個基數。

B 9.有關金錢信託，下列敘述何者錯誤？ A.是指成立信託時以金錢為信託財產的信託 B.與全權委託投資業務相同，為一委任關係 C.可依委託人指定運用方法的不同分為指定、特定、不指定三類 D.「指定用途信託資金投資國內、外共同基金」即是一種金錢信託

- 金錢信託是指成立信託時以金錢為信託財產的信託，屬於信託關係。金錢信託可依委託人指定運用方法的不同分為指定、特定、不指定三類，例如：「指定用途信託資金投資國內、外共同基金」即是一種金錢信託。
- 全權委託投資業務屬於委任關係與信託關係存有差異，諸如：經營主體方面信託為銀行，代操則為投信公司或投顧公司。

A　10.責任準備金在保險公司財務報表屬於 A.負債科目 B.資產科目 C.盈餘科目 D.費用科目

- 責任準備金屬於負債科目。
- 壽險公司對於長期壽險保單，需要提存責任準備金並列為負債項；另一方面，責任準備金透過資金運用後可變為壽險公司的各項資產。

D　11.保險公司篩選潛在客戶的目的在於？　A.提高承保能量　B.提高保費　C.降低佣金　D.減少理賠支出。

- 減少不必要之理賠支出，但必要的理賠仍須加速理賠喔。

C　12.對於遞增型之額外風險，例如糖尿病患者，適合採用何者方式承保？ A.保險金削減給付法　B.年齡增加法　C.特別保險費徵收法　D.額外保費法。

- 如果額外風險屬於遞增型，則核保人員可在保險期間內加收一定數額的保費，諸如加收 50%的保費。
- 年齡加費法多適用於固定型或遞減型額外危險。

B　13.核保人員必須要對被保險人的危險加以篩選，此篩選過程稱為 A.危險分散 B.危險選擇 C.分散費率 D.醫務選擇

C　14.下列何者非屬人身保險核保所需之資料？　A.要保書　B.體檢報告　C.所有權狀影本　D.財務狀況。

B　15.人身風險選擇的過程，其第二次風險選擇係指何階段?　A.招攬　B.體檢　C. 核保　D.調查

C　16.人身風險選擇的過程，其第三次風險選擇係指何階段?　A.招攬人員　B.體檢人員　C.核保人員　D.生存調查

D　17.核保的工作程序包括哪些步驟　①保戶基本資料的初級審核　②蒐集要保人與被保險人進一步的詳細完備資料　③對被保險人的風險程度作評估、分析　④確定

承保條件? A.①② B. ②③ C. ①②④ D. ①②③④

B 18.核保人員針對被保險人個人的肺結核病史(非家族病史),由於復發的危險性只要當時經治療完畢,並且經過數年,即會快速地消退,此時核保決策宜採取? A. 拒保 B. 削減給付 C.改換險種 D.加費承保

C 19.招攬人員在行銷新契約時,應注意: ①投保動機 ②保險利益關係 ③財務核保 ④生活習慣與環境因素 A. ①② B. ①②③ C. ①②③④ D. ①②④

C 20.人身保險風險選擇的過程,包括 ①核保 ②調查 ③招攬 ④體檢 四次風險選擇,下列依次序排列何者為正確: A. ③①②④ B.③②①④ C.③④①② D.③④②①

C 21.人壽保險被保險人風險評定方法,係以「基準分數」為標準,當風險因素有利於風險評定時,按基準分數減點,如風險因素不利於風險評定時,則按基準分數加點,此種風險評定方法稱為: A.經驗法 B.表訂費率法 C.數理查定法 D.標準加減法

- 壽險公司通常使用數理審查制度(Numerical Rating System)作為壽險商品危險高低評定之基準,以便能客觀公平又快速地評估被保險人之危險高低。

C 22.小劉申請購買富樂壽險公司的終身壽險保單,核保人員依所提供之文件審核。小劉在核保之條件下被認為其損失可能性較平均還低,此資訊顯示小劉的危險是:A.標準體 B.次標準體 C.優良體 D.拒保

B 23.在退休金計畫實施以前,即先設定員工到達退休時所能領取的退休給付金額,且雇主亦承諾於員工退休時一次支

付一定數額之退休金或於員工退休後分期支付一定數額之退休金，此制度稱為： A.確定提撥制 B.確定給付制 C.年金制 D.以上皆是。

D 24.退休金給付公式的計算基礎包括： A.與未來薪資水準有關之退休辦法 B. 相對提撥及非相對提撥之退休辦法 C.提撥及未提撥基金之退休辦法 D.以上皆是

A 25.企業主每年提撥的金額，固定為員工薪資的百分比，員工退休金給付隨企業主提撥金額多寡的變動而變動，此制度稱為： A.確定提撥制 B.確定給付制 C. 年金制 D. 以上皆是

A 26.社會保險給付之種類中，何者非一般商業保險公司所能提供？A.失業保險 B. 死亡保險 C.殘廢保險 D.失能保險。

C 27.社會非常關注勞工保險老年給付的財務安全性，試問其財務處理方式為？ A.隨收隨付制 B.完全提存準備制 C.部分提存準備制 D.以上皆非。

● 隨收隨付制並無準備金提存；部分提存準備制通常只提撥少部分的準備金；完全提存準備制則提撥足夠的準備金金額，以避免未來虧損或破產。

C 28.世界銀行在定義年金制度時，可分為第一層的社會(公營)年金，第二層的企業年金，以及第三層的個人年金。國內的退休金制度中，那一些是屬於第一層社會年金？(1)國民年金；(2)勞工退休金新制；(3)公教人員退休撫恤制度；(4)公務人員保險老年給付；(5)勞工保險老年給付。A. 2345 B. 1245 C. 145 D. 1345。

二、簡答題：

1.為了保障老人退休後財源能夠不虞匱乏，多數已開發國家多採用三層退休金制度的規劃機制，請說明。

2.為了保障老年人退休財源不虞匱乏，現今大多數已開發國家多採用三層退休金制度規劃，並藉由年金保險來保障老年生活需求以達到降低退休財源不足的風險。依據世界銀行所建議的理想退休金財源規劃機制，請說明三層退休金規劃內容並舉例之?

參考解答：

(1)主要先進國家多以世界銀行所建議的三層制老年經濟安全制度建構老年經濟安全制度，列舉說明如下：

a.第一層：公營退休年金制度，主要由政府經營並透過強制參加及保費補貼方式運作，例如國民年金保險與勞工保險年金給付。

b.第二層：企業退休年金制度，主要由企業雇主推動之退休金制度，並透過法令要求或稅惠方式運作，例如勞工退休金個人帳戶制或年金保險制。

c.第三層：個人退休年金制度，透過稅惠誘導民眾自願規劃退休金或年金，例如：鼓勵民眾透過自行繳納保費投保傳統壽險型年金保險、利率變動型年金保險或變額年金保險。

(2)各層的年金制度中，各有不同的主軸與焦點，各層之間相輔相成。公營年金部分僅能提供民眾普遍且基本的退休養老生活保障；不足部分有賴企業年金制度與個人年金制度補足。

3.最近油價、電價以及重要商品價格逐步上升，引發社會對通貨膨脹的疑慮，請說明通貨膨脹對人身保險市場的影響。

參考解答：

通貨膨脹對於壽險市場之影響，可列述如下：

(1)降低身故給付之實質購買力：建議保險從業人員可以通貨膨脹為議題，建議客戶提高保障。

(2)降低生存金或年金給付的實質購買力：由於通貨膨脹衝擊，原先所得替代率6成，可能降為5成，因而衝擊退休後生活品質。

(3)消費支出的排擠效果：假設家庭收入不變，由於通貨膨脹導致家庭消費支出增高，消費支出佔率增高，可能影響到投保保險商品的保費金額或投保意願。

(4)壽險公司經營成本提高：壽險公司相關經營費用支出將因通貨膨脹而提高，因而影響利潤之表現。

4.目前有一些信託與保險結合的產品，請舉例說明之。

參考解答：

透過保險契約結合信託契約之安排，不但可以獲得專業安全管理，更可以同時結合保險與信託的部分稅惠。另外，透過信託機制妥善規劃，可以避免遺產特留分之限制。

(1)死亡保險金信託：對於幼童或身心障礙遺族或不善理財的遺族，透過死亡保險金信託，可以更放心未來遺族之經濟來源。

(2)生前契約信託：殯葬禮儀服務結合死亡保險金信託，預先規劃身後禮儀服務。

(3)生存保險金、年金信託或滿期金信託：善用每年贈與額度分年贈與，並將生存保險金、年金或滿期金，透過信託機制獲得專業管理。

(4)滿期保險金信託：滿期保險金結合信託機制後，受益人可以定期由信託財產獲得信託利益，適合為子女規劃教育基金、留學基金或創業基金。

5.請說明個人年金保險如何保障老人退休財源之風險？

參考解答：

(1)多元化年金給付選擇：透過個人年金保險可提供保戶活得愈久領得愈多的多元化終身退休生活保障。

(2)提供儲蓄與投資功能：透過個人年金保險可提供儲蓄與投資功能，以儲備未來退休金，諸如：依宣告利率累積年金保價金，抑或依照基金單位與淨值累積保單帳戶價值。

(3)可提供保證給付功能：許多個人年金保險給付提供保證最低領取金額或保證期間。另外，特定的年金保險商品也搭配保證最低年金給付或保證最低提領金額機制，可以讓退休生活更有保障。

6.依目前世界各國之經驗，國民年金制度之實施，主要有哪些財源方式？

參考解答：

(1)稅收制：透過國家的稅收來支應年金制度的所有各項給付支出，通常高稅率國家才能有足夠稅收支應；諸如：加拿大、丹麥、紐西蘭、澳大利亞、瑞典等。

(2)公積金制：企業雇主每月依照員工薪資的特定比率，按月提撥到員工個人帳戶，員工退休時一次或以年金方式領取老年給付之方式；諸如：新加坡、智利、墨西哥等。

(3)社會保險制：採社會保險方式辦理公營年金，由被保險人、雇主與政府三者分擔保費，退休時由民眾以一次給付或年金方式領取老年給付之方式，諸如：台灣、美國、英國、法國、德國與日本等。

7.透過信託與保險的結合，將儲蓄保險的滿期金當作信託基金的來源，請您說明此風險與理財規畫的優點？

參考解答：

(1)透過保險契約結合信託契約之安排，不但可以獲得專業安全管理，更可以同時結合保險與信託的部分稅惠。此外，透過信託機制妥善規劃，也可以避免遺產特留分之限制。

(2)滿期保險金信託：滿期保險金結合信託機制後，受益人可以定期由信託財產獲得信託利益，例如：可為子女規劃教育基金、留學基金或創業基金。

8.核保人員在審核契約時，若採用特別條件承保，通常有三種方式，請簡單敘述之。

參考解答：

(1)削額給付：針對遞減性質的額外危險，壽險公司可約定契約訂立後特定期間內身故，身故保險金必須依約定削減後的金額給付。諸如：前2年身故，給付保險金額的50%或75%。

(2)加費承保：對於遞增型額外危險或固定型額外危險，可以透過加費方式反應額外危險。諸如：針對體重過重或有血管疾病保戶，可收取特別保費。另一方面，對於固定型額外危險，可考慮透過年齡加費法加收保費。

(3)改換險種：對於特定承保案件，若投保高危險保額商品，保險公司須承擔較高的風險。此時可建議保戶更換投保的險種，改為危險保額較低，儲蓄功能較強的儲蓄型保險商品。

(4)其他方式：延期承保、列為除外事項、限制理賠金額或限制理賠次數等。

9.請說明人身保險風險選擇的意義?

參考解答：

就壽險公司角度，透過核保或稱危險選擇，可避免或有效降低逆選擇、道德危險或避免濫用保險之情形，使得理賠給付金額與理賠率獲得合理控制、費率趨向公平合理。

就業務人員角度，若核保品質差，理賠給付金額及理賠率惡化、公司獲利將受影響，未來商品保費須調高或商品佣金須下調，可見核保對於公司經營的重要性。

10.檢視國內規範各職域之退休金制度法規，顯然仍有相當不足，且亦限制整體退休金制度的發展，請說明可能的缺失為何?

參考解答：

(1)退休金虧損與破產問題，仍有待改革。

(2)長期資金運用與專業管理制度與績效，仍有待加強。

(3)勞工退休金企業年金保險制度尚未上市。

(4)未落實中老年人之部分退休制度。

(5)民眾自選投資標的的制度，尚未全面實施。

(6)符合退休年齡或年資要求，才能領取年金或一次給付；若有人生重大事故、結婚、購屋或子女教育資金需求，無法部分動用或貸款。

貳、人身保險經紀人：人身風險管理考題與參考解答

一、何謂保險密度（insurance density）、保險滲透度（insurance penetration）、保險普及率（ratio of prevalence）以及投保率（ratio of having insurance coverage）？

參考解答：

1.保險密度

(1)公式=期間內總保費收入 / 人口數；代表平均每人的保費支出金額。

(2)意義：若以人身保險為例，人身保險保險密度金額愈高，代表著當年度平均每人繳納保費愈高；另外相對來說，高保險密度，也代表民眾對於高保費的保險商品的偏好愈強。

2.保險滲透度

(1)公式=期間內總保費收入 / GDP；相當於全國或該地區之當年度平均保費收入之所得佔率。

(2)若以人身保險為例，人身保險保險滲透度愈高，代表民眾當年度民眾花費在人身保險的支出佔率高。

3.人壽保險及年金保險普及率

(1)公式=該時點人壽保險及年金保險(有效契約)保額 / 國民所得。

(2)意義：相當於全國或該地區人壽保險及年金保險有效契約保額之國民所得佔率。若以人壽保險為例，普及率高，表示有效契約保額高達國民所得的數倍。

4.人壽保險及年金保險保險投保率

(1)公式=該時點人壽保險及年金保險(有效契約)投保件數 / 人口數。

(2)意義：相當於平均每人已投保之有效保單數。若以人壽保險為例，特定年齡層投保率高，表示該年齡層平均每人已投保多張保單。

二、請說明失業之意義與類型？再者，請針對不同之失業類型，其可採行危險管理方法有那些？失業(Unemployment)是人身

危險之一，請比較失業危險與其他人身危險的異同[41]

參考解答：

失業的類型：可分為摩擦性失業、結構性失業與循環性失業等三種，分就不同類型之失業與危險管理方法說明如下：

1.摩擦性失業：指勞動市場中，由於求職或求才需要時間配合，因而造成暫時性的失業現象。其危險管理的方法如下：

(1)建立有效的就業服務體系

(2)鼓勵多元化就業服務產業的發展

2.結構性失業：主要指經濟結構變遷使得某一產業或部門的失業，諸如：傳統家庭代工的業務，移轉至中國大陸後，造成一連串的失業。另外技術性的失業，亦可歸為結構性失業，諸如：技術的進步使得生產商品的方式改為自動化，因而造成人力需求的降低。其危險管理的方法如下：

(1)加強職業訓練

(2)舉辦失業保險

(3)增加公共工程建設

(4)增加招募誘因，諸如：招募補貼與租稅獎勵，以鼓勵企業求才

3.循環性失業：主要指景氣循環與景氣變動所造成的失業，諸如：經濟衰退造成許多失業人口。另外，部分職位或產業具有季節性因素，也將造成季節性失業，諸如：冬天的營業額或訂單大幅下滑，因而造成失業人口大增。其危險管理的方法如下：

(1)增加招募誘因，諸如：招募補貼與租稅獎勵，以鼓勵企業求才

(2)企業與產業輔導

(3)加強職業訓練

(4)舉辦失業保險

---

[41] 參柯木興(1993)

三、試說明目前國內就業保險實施的情況(包括承保單位、承保事故及給付金額等)。

參考解答：

1.保險對象：年滿十五歲以上，六十五歲以下之受僱勞工。

2.保險給付：

(1)失業給付：失業前六個月平均月投保薪資的60%；若扶養無工作收入的配偶、未成年子女或身心障礙子女，每1人可加發平均月投保薪資之10%，最多加計20%。失業給付領取期間為6個月；若已年滿45歲或領有身心障礙證明者，失業給付最長發給9個月。

(2)其他給付：提早就業獎助津貼 、職業訓練生活津貼、育嬰留職停薪津貼與全民健康保險費補助等。

四、近年來，金融機構跨業經營已成為一個趨勢，而銀行保險是相當普遍的型式，試述金融整合的優點，並分析銀行跨足保險業時，何以選擇之市場以壽險為主？

參考解答：

1.金融整合的優點：

(1) 採取保險與金融雙引擎營運策略，以提升長期穩定獲利與業績。

(2) 透過銀行保險與業務通路等多元通路管道，促進業績成長。

2.銀行跨足保險業時，選擇以壽險為主之理由如下：

從財富管理觀點來看，壽險商品之儲蓄投資與保障功能，更能強化銀行財富管理商品之缺口，也因此壽險商品已成為財富管理或個人理財規劃中，不可或缺的重要一環。進一步分析，壽險商品與銀行存款或基金商品的整合優勢如下：

(1)人壽保險商品為長期商品，銀行存款商品主要為短期商品，透過長期商品可補銀行商品之不足。

(2)萬能保險、利率變動型年金或躉繳儲蓄保險之儲蓄功能強，而且中長期商品報酬率常高於定期存款利率或活期存款利率，因此頗受存款戶青睞。

(3)變額年金保險或投資型保險提供多元化基金商品與壽險或年金保障，商品特質與共同基金各有優劣，可以補強銀行基金信託商品平台。

(4)透過壽險商品的稅惠，結合信託商品的專業管理與投資，可讓保險金給付更具彈性、安全性與誘因。

五、試從國人生活型態轉變的發展過程，說明如何搭配人身保險的使用。

參考解答：

1.網路科技與智慧型手機普及：網路投保、手機投保、線上客服、線上保戶服務、線上保單貸款等各種服務更加便利。

2.財富管理趨勢：可透過儲蓄型保險、利率變動型保險與投資型保險等各種商品做好個人保險理財規劃。

3.多元通路趨勢：可透過電視投保、網路投保、電話投保、銀行投保、業務人員、經代公司人員等多元通路投保壽險商品。

4.健康醫療的重視：醫療保險之重要性更加重要，並已走上與全民健保互補之發展方向。

5.國內外旅遊頻繁：對於旅行平安保險、海外急難救助或意外醫療保險之需求大增。

六、請說明連結基金類型的投資型保險商品與直接購買基金有何不同？一般市面上投資型保險商品之費用率大多高於直接購買基金，你認為為什麼消費者還需要購買投資型保險商品？

參考解答：

1.投資型保險商品與直接購買基金之差異：

投資型保險與直接購買基金，包含以下差異：

(1)壽險保障存在差異

(2)多元化基金選擇與免費基金轉換存在差異

(3)主要費用項目存在差異

(4)保險稅惠存在差異

進一步列表分項比較如下：

項目/商品別	連結基金的投資型保險	直接購買基金
壽險保障	有	無
多元化基金選擇	有	有 (購買每筆基金皆須要負擔銷售手續費)
免費基金轉換	有	通常無
主要費用項目	保費費用、解約費用、保單管理費、移轉費用、提領費用、投資標的費用	銷售手續費、帳戶管理費、移轉費用、投資標的費用等
稅惠	適用保險稅惠	無保險稅惠

2.消費者購買投資型保險商品之原因：

主要原因為商品特質差異性，列舉如下：

(1)保險保障考量

(2)多元化基金商品選擇

(3)免費轉換、免費提領與免費行動服務

(4)保險稅惠考量

(5)中長期平均費用率可能較低

七、經過多年的發展，我國社會保險與人壽保險均有長足的進步，而此二者對國家社會皆有重大影響。請回答下列問題：請分析社會保險與人壽保險之差異。請分析社會保險如何與商業保險相結合，以達成相輔相成之目的。

參考解答：

1.社會保險與人壽保險之差異

項目/險種	商業人身保險	社會保險
經營目的	營利	社會政策(非營利)
經營對象	壽險公司	政府單位，健保署、勞保局等機構
承保對象	自然人	特定身分之自然人

項目/險種	商業人身保險	社會保險
保險給付	主要為現金給付	現金給付+醫療服務等
保費負擔	要保人自行負擔	雇主、政府與投保人共同負擔
投保要求	自由投保	強制投保
保障原則	保障內容與額度多元，隨保戶需求而定	基本保障，保戶無從選擇
保費折扣與繳費方式	●可能有集體彙繳折扣、轉帳或信用卡折扣 ●可選擇年繳、半年繳、季繳、月繳等各種方式	無保費折扣且通常為每月繳納模式

2.分析社會保險如何與商業保險相結合：

(1)全民健保與商業醫療險之互補：商業醫療保險的實支實付補償或日額津貼，可補償全民健保之除外不保事項或部分負擔額度。

(2)退休年金功能的的互補：社會保險老年給付僅提供基本的保障，有賴商業年金保險的補強。

(3)殘廢失能或身故的互補：社會保險的殘廢失能或身故給付金額有限，有賴商業保險的額外補償。

八、消費者透過保險經紀人或保險公司的業務員安排保險有何差別？在目前台灣的壽險市場，保險經紀人的發展前景如何？試抒己見。

參考解答：

1.透過保險經紀人或保險公司的業務員安排保險之差別：

保險經紀人為基於被保險人利益，洽訂保險契約或提供服務，而收取佣金或報酬之人，因此保險經紀人與保險業務員之差別頗多，摘述如下：

(1)商品範圍差異：保險經紀人可建議多家公司商品，保險業務員僅能推薦所屬登錄公司之商品。

(2)服務內容差異：保險業務員主要從事保險招攬，保險經紀人的工作除了保險招攬外，還有保單諮詢服務、保險投資理財服務、產險諮詢服務與再保險安排等。

2.台灣的壽險市場，保險經紀人的發展前景：

保險經紀人可區分為兩大類，其一為銀行保險經紀人，由於擁有銀行客戶、資產與通路優勢，因此銀行保險經紀人之發展前景持續可期。另外，對於一般保險經紀人而言，可能需視公司規模與資源而定，中大型經紀人公司的資源與人力相對多，提供的服務也相對專業與完整，因此發展前景將更趨良好。但個人執業或小型經紀人公司由於資源有限，受限於銀行與業務通路競爭因素，發展因而受限。

九、當保戶因為失業而造成保單繳費困難時，身為保險經紀人可提供那些解決方法？試說明。

參考解答：

1.告知自動墊繳保費機制：若客戶尚未申請自動墊繳，立即協助客戶辦理，以避免保單失效。

2.可辦理繳別的變更或辦理停止扣款：續期保費改成月繳保費方式，每次的繳費金額因而降低；另外若為投資型保險，可以辦理停扣保費，以減輕負擔。

3.長期缺乏資金：可辦理減額繳清保險或展期保險。

4.可辦理減少保額、部分提領或解約，以因應資金需求。

5.可透過保單貸款短期週轉資金，以因應資金需求；但需告知辦理保單貸款必需額外支付利息。

十、臺灣在 2004 年立法通過勞工退休金條例迄今已逾10 年，勞退新制已逐漸取代勞動基準法有關退休給付的規定。請問勞退新制屬於確定給付制或確定提撥制？何謂勞退新制的雙軌制？

參考解答：

1.勞退新制屬於確定提撥制：勞退新制並無明確之退休金給付標準或公式，只規範雇主每月需要依照勞工薪資提撥至少 6%

的金額，因此屬於確定提撥制。依據 105 年初勞工退休金條例規範，列舉勞退新制之提撥與給付要點如下：

(1)雇主負擔的提繳率不得低於勞工每月工資的 6%。

(2)勞工自願提撥每月工資 6%以內的金額，得自當年度個人綜合所得額中全數扣除。

(3)年金給付：年資超過 15 年選擇月退休金，月退休金金額依個人帳戶累積本息換算年金金額，應另投保超過平均餘命部分之年金保險。

(4)一次給付：年資低於 15 年選擇一次退休金[42]，領取金額為個人帳戶累積本息。

2.勞退新制之雙軌制：

(1)針對員工數超過 200 人以上之大企業，企業可以選擇個人帳戶制或年金保險制；但對於員工數未達 200 人一律僅能選擇個人帳戶制。

(2)勞工退休金年金保險制從 94 年公佈實施，105 年初尚未真正實施，尚無企業選擇年金保險制；主要原因與壽險公司須保證最低投資收益率且限制企業員工數須超過 200 人攸關。

註：若未來勞工退休金條例完成三讀修法，則本題答案請自行隨之調整。

十一、臺灣經濟奇蹟之背後源於一群辛苦之勞工朋友，而這群勞動者打拼工作的同時，卻難免傳出不幸罹災事件，而職業災害事件之發生，連帶對整個家庭之經濟、生活，甚至對國家社會來說，皆會造成衝擊與損失。例如美國無線電公司（Radio Company of America）污染事件（又稱 RCA 事件），造成臺灣最大的集體工傷案。請問何謂「職業災害」？現行臺灣社會保險中，在勞工發生職業災害時，可有那些給付以及補助？身為一個保險經紀人，您的客戶如果為實際從事工作並獲得報酬之勞工，您如何在政府提供的社會保險給付及補助之外，為您的客戶規劃職業災害發生後的風險移轉？

---

[42] 廖勇誠(2012)

參考解答：

1.職業災害：

指因勞動場所之建築物、機械、設備、原料、材料、化學品、氣體、蒸氣、粉塵等或作業活動及其他職業上原因引起之工作者疾病、傷害、失能或死亡。(依職業安全衛生法條文)

2.勞工發生職業災害時，可有以下的給付以及補助：

(1)勞工保險條例中對於職業災害被保險人提供下列各項給付：傷病給付、醫療給付、失能給付、死亡給付及失蹤給付等。例如：職災身故可申領勞保職業傷病死亡與喪葬給付，金額為 45 個月的平均投保薪資。

(2)職災勞工可另外請領職業災害勞工保護法的各項津貼及補助：職業疾病生活津貼與職業傷害(身體障害)生活津貼、職業訓練津貼、器具補助、看護補助與家屬補助等。例如：職災失能勞工，符合勞保第七級失能等級，105 年初每月可請領約 5,850 元津貼。未投保勞工保險勞工也可以申領職災保護法之各項津貼。

3.如何為客戶規劃職業災害發生後的風險移轉：

可建議雇主或企業，透過公司付費方式，為員工投保團體職業災害保險、團體壽險、團體傷害險與團體健康險，以移轉職災風險並增進員工福利、提高員工向心力。

十二、政府為公平合理、迅速有效處理金融消費爭議，以保護金融消費者權益，於2012年2起設立那個機構負責辦理？

參考解答：

1. 金融消保法實施後，政府成立金融消費評議中心，以公平、合理且有效地處理金融保險相關的爭議案件。
2. 依金融消費者保護法規定，金融保險消費者須先向金融保險業者提出申訴，如不接受金融保險業者的申訴處理結果，或金融保險業者超過 30 天不為處理者，可向金融消費評議中心申請評議。

十三、陳先生從事營建工地的工作，擔心工地發生意外狀況，目前的房屋貸款又沒還完，妻兒的生活將沒人照顧，所以投保了高額的人壽險及意外險。某年陳先生的顧慮成真，身故後留下妻子及四位年幼的子女。陳太太領取理賠金後，公婆及大伯卻不停地藉故跟陳太太借用這筆保險金，此時勢單力薄的陳太太難以拒絕，但又無力獨自負擔孩子往後數十年的生活費與教育費，造成生活陷入困境。請問陳先生當初要怎麼做，才能避免這種情況發生？針對你所建議的做法，被保險人或受益人是否要負擔或如何考量贈與稅和遺產稅？國內遺產及贈與稅法在免稅額及遺贈稅率的規定如何？

參考解答：

1.建議之規劃作法：規劃身故保險金信託。透過保險契約結合信託契約之安排，不但可以獲得專業安全管理，更可以同時結合保險與信託的部分稅惠。另外由銀行代為管理及運用保險金，不僅令人安心，更能依信託契約約定，定期給付資金予受益人。

2.若以自益信託方式規劃保險金信託，不需繳納贈與稅。因此建議保險受益人、信託委託人與信託受益人皆為配偶子女，並採取定期給付信託利益方式，才能妥善規劃遺族生活。

3.遺產及贈與稅法在免稅額及遺贈稅率的規定如下：

(1)遺產稅按被繼承人死亡時，其遺產總額減除各項扣除額及免稅額後之課稅遺產淨額，課徵百分之十。

(2)約定於被繼承人死亡時，給付其所指定受益人之人壽保險金額、軍、公教人員、勞工或農民保險之保險金額，不計入遺產總額計算。104 年度之遺產稅免稅額為 1,200 萬。

(3)贈與稅按贈與人每年贈與總額減除扣除額及免稅額後之課稅贈與淨額，課徵百分之十。

(4)贈與稅納稅義務人，每年得自贈與總額中減除免稅額 220 萬元(104 年度)。

附錄：保險業風險管理實務守則

1.總則

1.1 為提供保險業建立風險管理機制所需之實務參考，並協助保險業落實風險管理，以確保資本適足與清償能力，健全保險業務之經營，特訂定本守則。

1.2 本守則所稱之風險，係指對實現保險業營運目標具有負面影響之不確定因素。

1.3 保險業建立之風險管理機制，除應遵守相關法規外，應依本守則辦理，以落實風險管理。

1.4 本守則之風險管理架構包括風險治理、風險管理組織架構與職責、風險辨識、風險衡量、風險回應、風險監控及資訊、溝通與文件化，如下圖所示。

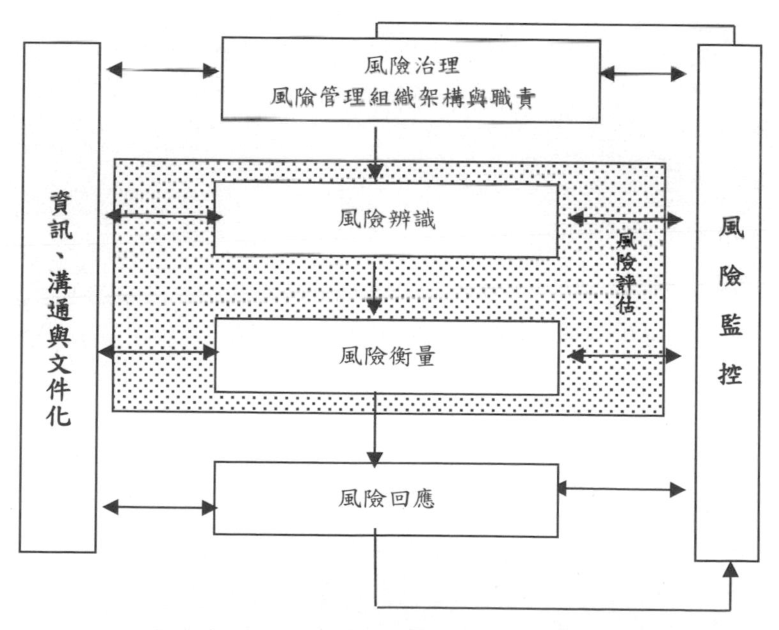

1.5 保險業應考量本身業務之風險性質、規模及複雜程度，建立適當之風險管理機制，並將風險管理視為公司治理之一部分，以

穩健經營業務。

1.6 風險管理機制應結合保險業之業務經營及企業文化，並依據訂定之風險管理政策，運用各種質化與量化技術，管理保險業可合理預期且具攸關性之重要風險。

1.7 董事會及高階主管人員應負責推動及執行風險管理政策與程序，並確保企業內全體員工充分瞭解及遵循風險管理之相關規定。

1.8 保險業為執行風險管理政策所建立之作業流程及管理辦法，應予以文件化，相關之風險報告與資訊揭露應定期提供、追蹤與更新。

1.9 保險業應重視風險管理單位與人員，授權其獨立行使職權，以確保該風險管理制度得以持續有效實施。

2.風險治理

2.1 風險管理哲學與政策

2.1.1 風險管理哲學係企業全體員工共同分享之一套理念及態度，藉由其所從事之所有活動，從擬定策略到執行日常之例行活動，以顯示企業如何管理風險。

2.1.2 董事會及高階主管人員應藉由其對企業本身組織及風險之了解，建立所屬企業之風險管理哲學，以指引內部風險管理機制及能力之建立，並確保營運目標及策略與風險管理哲學相符合。

2.1.3 為落實風險管理哲學，並將風險管理機制與企業之日常營運活動整合，保險業應訂定風險管理政策，以作為日常執行風險管理作業之規範依據。

2.1.4 訂定風險管理政策時，應考量企業文化、經營環境、風險管理能力及相關法規，並應經董事會核定後實施，修正時亦同。

2.1.5 風險管理政策內容應涵蓋以下項目：

1.風險管理策略及風險管理目標。
2.風險管理組織與職責。
3.主要風險種類。
4.風險胃納（Risk Appetite）。
5.風險評估、回應與監控。
6.文件化之規範。

2.2 風險管理文化

2.2.1 保險業之投資及業務應同時考量報酬及風險，建立風險管理之決策性地位，此為風險管理文化之深入與內化，亦為風險管理成功之關鍵。

2.2.2 保險業之風險管理文化必須為系統之運作，風險管理非僅係風險管理單位之職責，從董事會到業務單位均應參與及負責，以建立全方位之風險管理文化。

2.2.3 保險業之風險管理文化必須由上而下才能有效的建立，其具體呈現包括但不限於下列事項：

1.董事會成員及高階主管人員接受風險管理相關專業訓練， 並給予支持。

2.定期向董事會提出整體風險管理報告。

3.風險管理最高主管之任免經董事會通過。

4.風險管理單位主管有適當之位階。

2.3 風險胃納與限額

2.3.1 風險胃納與保險業之營運策略有關連。所謂風險胃納，係保險業在追求其價值時，公司整體所願意接受之風險程度。風險胃納反應保險業之風險管理哲學，進而影響風險管理文化及營運風格。

2.3.2 保險業應訂定風險胃納，並注意以下事項：

1.應根據公司之經營策略與目標，並考慮業務成長、風險與報酬等因素，訂定公司整體之風險胃納。

2.保險業在考量風險胃納時，得以量化或質化方式呈現。

3.在訂定量化風險胃納時，風險胃納應與財務指標相連結。

4.董事會應每年審視風險胃納，若有需要則進行適當調整。

2.3.3

1.保險業應依風險特性與公司之風險胃納，訂定各主要風險限額，並定期監控及落實執行限額超限之處理。

2.保險業應定期檢視風險限額，以適時因應外在環境變化及內部決策之改變。

2.3.4 保險業應衡量並彙總公司整體及各業務單位之風險，包括市場、信用與其他主要風險，並與風險胃納比較。風險之彙總，宜考量各類主要風險間之相關性。

2.4 風險調整後績效管理

2.4.1 保險業應在公司風險管理政策及風險胃納下，衡量保險商品（險種）或投資績效，於評估個別績效時，宜同時考量報酬與風險承擔之關係。

2.4.2

1.為減少短期誘因之獎金支付，保險業應以長期績效做為評量獎酬之依據，以落實風險與報酬之平衡性。

2.保險業得視其風險管理文化及風險衡量之成熟度，考量實施風險調整後之獎酬機制。

2.5 資本適足性評估

保險業應維持符合主管機關法規之資本適足率。其內容包含下列各項：

1.保險業應依規定期限完成資本適足率之計算，並保留相關計算之紀錄。

2.風險管理單位應了解保險業營運策略及其對資本適足率之影響。

3.保險業應配合主管機關規定，建立資本適足性評估程序。

4.保險業宜發展經濟資本（EC；Economic Capital）之量化技術與自我風險及清償能力評估機制（ORSA；Own Risk and Solvency Assessment），以加強資本管理。

3.風險管理組織架構與職責

3.1 風險管理組織架構

1.保險業應設置隸屬董事會之風險管理委員會，並應指定或設置獨立於業務單位之外之風險管理單位，俾有效規劃、監督與執行風險管理事務。

2.保險業風險管理組織架構之設計，應考量個別組織型態、業務規模、企業文化及所承擔風險主要內涵之差異而有所調整。

3.風險管理非僅為風險管理單位之職責，公司其他相關單位亦有其相應之職責，以有效落實整體業務之風險管理。

4.風險管理之落實應有明確之權責架構及監控陳報流程，其內容包括對上陳報、向下溝通及跨部門間之資訊交流，促使相關之風險管理資訊能作有效之彙總、傳遞與研判等事項，俾公司之營運策略及風險管理政策可因應主客觀環境變化，進行適當之調整。

3.2 風險管理職責

1.保險業配合其組織及作業流程，應建立風險管理之各層級職責。於整合風險管理時，應考量「由上到下」和「由下往上」兩個處理面向。

2.董事會和高階主管人員應發展並執行風險管理政策，使公司整體之營運能符合其策略目標。此外，董事會和高階主管人員也應確保任何重大且新增之業務行為（包括新型態商品或業務所產生之曝險部位）都在適當授權下核准通過。

3.風險管理職責及功能之執行應被清楚地分配及委派，風險管理單位應獨立於各業務單位，以落實執行整體風險管理政策及協調溝通各業務單位之風險控管任務。

3.2.1 董事會

1.應認知保險業營運所需承擔之各項風險，確保風險管理之有效性並負整體風險管理之最終責任。

2.必須建立適當之風險管理機制及風險管理文化，核定適當之風險管理政策且定期審視之，並將資源做最有效之配置。

3.董事會對於風險管理並非僅止於注意個別單位所承擔之風險，更應從公司整體角度考量各種風險彙總後所產生之效果。同時亦應考量主管機關所定法定資本之要求，以及各種影響資本配置之財務、業務相關規定。

3.2.2 風險管理委員會

1.擬訂風險管理政策、架構、組織功能，建立質化與量化之管理標準，定期向董事會提出報告並適時向董事會反應風險管理執行情形，提出必要之改善建議。

2.執行董事會風險管理決策，並定期檢視公司整體風險管理機制之發展、建置及執行效能。

3.協助與監督各部門進行風險管理活動。

4.視環境改變調整風險類別、風險限額配置與承擔方式。

5.協調風險管理功能跨部門之互動與溝通。

3.2.3 風險管理單位

1.負責公司日常風險之監控、衡量及評估等執行層面之事務，其應獨立於業務單位之外行使職權。

2.風險管理單位應依經營業務種類執行以下職權：

(1)協助擬訂並執行董事會所核定之風險管理政策。

(2)依據風險胃納，協助擬訂風險限額。

(3)彙整各單位所提供之風險資訊，協調及溝通各單位以執行政策與限額。

(4)定期提出風險管理相關報告。

(5)定期監控各業務單位之風險限額及運用狀況。

(6)協助進行壓力測試。

(7)必要時進行回溯測試（Back Testing）。

(8)其他風險管理相關事項。

3.董事會或風險管理委員會應授權風險管理單位處理其他單位違反風險限額時之事宜。

3.2.4 業務單位

1.為有效聯結風險管理單位與各業務單位間，風險管理資訊之傳遞與風險管理事項之執行，保險業視公司組織型態、規模大小及不同業務單位之重要性或其複雜度，得於業務單位中設置風險管理人員，俾有效且獨立地執行各業務單位之風險管理作業。

2.業務單位主管執行風險管理作業之職責如下：

(1)負責所屬單位日常風險之管理與報告，並採取必要之因應對策。

(2)應督導定期將相關風險管理資訊傳遞予風險管理單位。

3.業務單位執行風險管理作業之職責如下：

(1)辨識風險，並陳報風險曝露狀況。

(2)衡量風險發生時所影響之程度（量化或質化），以及時且正確之方式，進行風險資訊之傳遞。

(3)定期檢視各項風險及限額，確保業務單位內風險限額規定之有效執行。

(4)監控風險曝露之狀況並進行超限報告，包括業務單位對超限採取之措施。

(5)協助風險模型之開發，確保業務單位內風險之衡量、模型之使用及假設之訂定在合理且一致之基礎下進行。

(6)確保業務單位內部控制程序有效執行，以符合相關法規及公司風險管理政策。

(7)協助作業風險相關資料收集。

3.2.5 稽核單位

稽核單位應依據現行相關法令規定查核公司各單位之風險管理執行狀況。

4.風險管理流程

風險管理流程包括風險辨識、風險衡量、風險回應、風險監控及資訊溝通與文件化。

4.1 風險辨識

4.1.1 為達成風險管理目標，保險業應辨識公司營運過程中可能 面臨之風險。

4.1.2 保險業營運可能面臨之風險包括市場風險（Market Risk）、信用風險（Credit Risk）、流動性風險（Liquidity Risk）、作業風險（Operational Risk），保險風險（Insurance Risk）及資產負債配合風險（Asset Liability Matching）等。

4.2 風險衡量

4.2.1 保險業於辨識不同業務所含之風險因子後，應進行適當之風險衡量。

4.2.2 風險衡量係透過對風險事件發生之可能性及其所產生之負面衝擊程度之分析等，以瞭解風險對公司之影響，並將此種影響與事先設定之風險胃納或限額加以比對，俾作為後續擬訂風險控管之優先順序及回應措施之參考依據。

4.2.3 風險衡量應按不同類型之風險訂定適當之量化方法或其他可行之質化標準予以衡量，以作為風險管理之依據。

4.2.4 風險量化之衡量應採用統計分析或其他量化技術。

4.2.5 風險質化之衡量係指透過文字描述，以表達風險發生之可能性及其影響程度，其適用之情況如下：

1.初步篩選之用，以作為後續更精確衡量風險之前置作業。

2.量化分析過於耗費資源，不符成本效益時。

3.相關之數據及衡量方法，尚不足以進行適當之量化分析。

4.2.6 保險業應依風險屬性定期進行壓力測試，以了解保險業發生重大事件之可能損失情況及其財務強度。

4.2.7 保險業應依風險屬性於必要時進行回溯測試，將實際結果與風險衡量估計值比較，以檢驗其風險衡量之可信賴程度。

4.3 風險回應

4.3.1 保險業於評估及彙總風險後，對於所面臨之風險應採取適當之回應措施。

4.3.2 風險回應可採行之措施包括：

1.風險規避：決定不從事或不進行該項業務或活動。

2.風險移轉：採取再保險或其他移轉方式，將全部或部分之風險轉由第三者承擔。

3.風險控制：採取適當控管措施，以降低風險發生之可能性及發生後可能產生之衝擊。

4.風險承擔：不採取任何措施來改變風險發生之可能性，並接受其可能產生之衝擊。

4.3.3 各業務單位於發生風險事件時，受事件影響之單位或依權責應行處理該事件之單位主管人員，應立即進行處理，並通報風險管理等相關單位後，依所訂核決權限報告。事後並應檢討事件發生原委，提出改善方案，追蹤改善進度。

4.4 風險監控

4.4.1 保險業應依風險屬性及風險胃納訂定主要風險之風險限額，依核決權限核准後施行，並向各單位傳達說明風險限額之內容，以確保相關人員了解限額管理之相關規範。

4.4.2 保險業應建立風險監控程序，以定期檢視並監控各種風險限額運用情形及其超限狀況，並做適當之處理。

4.4.3 保險業之風險監控與回報系統，應因應公司經營目標、曝險情況與外在環境之改變而進行檢討，包括對現有風險管理機制之有效性衡量，以及風險因子之適當性評估。

4.4.4 保險業應制定各項風險之適當監控頻率與逐級陳報機制，使得在發現缺失及異常狀況時，均能依規定陳報。對重大之風險，可訂定特殊報告程序以掌握處理時效。

4.5 資訊、溝通與文件化

4.5.1 所稱資訊，係指為達成營運目標所需之風險管理與決策之內部及外部資訊。

4.5.2 保險業資訊系統所提供之資料應具時效性及可靠性。

4.5.3 所稱溝通，係指交換有關風險及風險管理相關資訊及意見之互動過程。

4.5.4 保險業組織內由上而下、由下而上，以及橫向之間應建立有效之溝通管道。

4.5.5 保險業之風險管理機制應予文件化，該文件化之內容，可包括但不限於：

1.風險管理組織架構及分層負責職務項目。
2.風險管理政策。
3.風險辨識及衡量。
4.風險回應策略及執行計畫。
5.風險監控。
6.主要風險之管理機制。

5.各類風險之管理機制

5.1 市場風險

5.1.1 市場風險管理原則

市場風險係指資產價值在某段期間因市場價格變動，導致資產可能發生損失之風險。保險業應針對涉及市場風險之資產部位，訂定適當之市場風險管理機制，並落實執行；其管理機制至少應包括下列項目：

1.針對主要資產訂定相關風險控管辦法。
2.市場風險衡量方法（可包括質化或量化之方法）。
3.訂定適當之市場風險限額及其核定層級與超限處理方式。

5.1.2 市場風險之質化衡量

1.可透過文字描述，以表達風險發生之可能性及其影響程度，具體載明於風險控管辦法內。
2.進行質化風險衡量時，可採適切之數值以表示相對之程度或權重之半量化分析方式。

5.1.3 市場風險之量化衡量

1.保險業應衡量交易部位（TRD；Trading）及備供出售部位（AFS；Available for Sale）之市場風險，建立可行之量化模型，以定期計算市場風險，並與風險限額進行比較與監控。

2.市場風險量化模型可包括：

(1)統計方法及模型驗證測試。

(2)敏感性分析。

(3)壓力測試。

(4)其他可行之風險量化模型。

3.衡量方法應正確且嚴謹，並應確保使用方法之一致性。

5.1.4 統計方法及模型驗證測試

1.統計方法

(1)對於公司整體或個別投資商品之市場風險衡量，應採統計方法，作為公司了解整體市場風險之參考依據。

(2)若欲衡量投資組合之市場風險，建議採用風險值（VaR；Value at Risk）或條件尾端期望值（CTE；Conditional Tail Expectation）法，可提供公司風險衡量之共通比較基礎。

(3)使用風險值衡量法所使用之持有期間與信賴水準假設，應考量投資目的及資產之流動性。

(4)管理市場風險之相關人員應了解市場風險模型之假設與限制，並具備風險值衡量之專業能力。

2.模型驗證測試

採用統計方法評估市場風險時，應透過回溯測試或其他方法，進行模型估計準確性之驗證。

5.1.5 敏感性分析

保險業宜衡量投資組合價值對個別風險因子之敏感度，以加強市場風險控管。

5.1.6 壓力測試

1.保險業應定期或不定期執行壓力測試，以評估因市場過度變動之潛在異常損失，進而做好應付此類情況之準備。壓力測試之兩個主要目標：

(1)評估潛在最大損失是否超過風險胃納及自有資本吸收損失之能力；

(2)擬定公司為降低風險並保存資本而可能採取之計畫，如辦理避險、調整投資組合及增加公司所能取得之籌資來源等。

2.壓力測試方式可採歷史情境法或假設情境法，以衡量所涉及之風險衝擊效果。

(1)歷史情境法係指利用過去某一段時間，市場曾經發生劇烈變動之情境，評估其對目前資產組合所產生潛在之損益影響。

(2)假設情境法係指執行壓力測試者自行假設資產可能之各種價格、波動性及相關係數等情境，評估其對目前資產組合所產生潛在之損益影響。

(3)公司應根據本身投資組合特性，考慮壓力測試之假設內容，選定適當之測試方式。

5.1.7 外匯風險

保險業應對國外投資資產建構外匯風險管理及避險機制，其內容至少應包括下列項目：

1.訂定外匯風險的上限及其核算標準；

2.外匯曝險比率的控管機制、外匯曝險比率之計算基礎、外匯曝險之範圍及其相對應之避險工具及避險策略；

3.訂定定期監控頻率及流程；

4.重大波動時之模擬情境及因應措施；

5.執行極端情境的壓力測試及敏感性分析；

6.外匯價格變動準備金低於一定比率時，應檢討避險策略及提出因應對策等（壽險業適用）。

5.2 信用風險

5.2.1 信用風險管理原則

信用風險係指債務人信用遭降級或無法清償、交易對手無法或拒絕履行義務之風險。保險業應針對涉及信用風險之資產部位，訂定適當之信用風險管理機制，並落實執行；其管理機制可包括下列項目：

1.交易前之信用風險管理。

2.信用分級限額管理。

3.交易後之信用風險管理。

5.2.2 交易前之信用風險管理

1.交易前應審慎評估交易對手、發行者、保證機構等之信用等級，並確認交易之適法性。

2.涉及複雜結構型商品之投資決策過程，需經由信用風險管理有關之各層級授權，並有適當之陳報流程與作業內容。

5.2.3 信用分級限額管理

1.訂定信用分級管理制度時，宜考量公司投資資產複雜程度及特性，建議可包含以下內容：

(1)依交易對手、發行者、保證機構等，設定各級信用限額並分級管理之。

(2)依國家、區域及產業別等，設定各級信用限額並分級管理之。

2.應定期並於內、外在經濟情況發生重大變化時，重新檢視信用限額。

5.2.4 交易後之信用風險管理

1.定期檢視信用狀況

(1)定期檢視總體信用市場狀況，了解信用市場之趨勢，以期達到信用風險之預警效果。

(2)定期檢視交易對手、發行者、保證機構、投資部位等之信用狀況，以充分揭露其風險狀況。

2.各部位信用風險限額控管

(1)信用曝險金額應定期衡量，並與核准之信用風險限額進行比較與監控。

(2)信用曝險金額衡量之分類可包括：交易對手、發行者、保證機構、國家、區域別，商品別等。

3.信用風險預警

(1)宜訂定各類信用風險事件之預警制度，與通報作業程序。

(2)針對主要信用風險事件，應有適當之通報程序，進而做好應付此類情況之準備。

5.2.5 信用加強與信用風險抵減

1.對於信用加強方式，可採行限制新增部位、保證、或增提擔保品等措施。

2.對於信用風險抵減方式，可採抵銷協議（Netting Agreement）、購買信用衍生性商品等措施，並確認法律權限之可執行性，以落實執行既有程序。

3.其他有效降低信用風險之措施。

5.2.6 信用風險之量化衡量

保險業應就無活絡市場及持有至到期日（HTM；Hold to Maturity）或其他信用部位之交易，視公司需要，參採下列方式以衡量信用風險：

1.預期信用損失（ECL=EAD x PD x LGD）之估計包含以下三項：

(1)信用曝險金額（EAD；Exposure at Default）。

(2)投資部位或交易對手之信用違約率（PD；Probability of Default）。

(3)投資部位或交易對手之違約損失率（LGD；Loss Given Default）。

2.未預期信用損失可視需要，採信用損失分配估計方式。

3.信用風險壓力測試。

5.2.7 信用風險壓力測試

1.保險業在訂定信用異常變動因應措施時，宜採用壓力測試模擬，以衡量異常信用變動對投資組合價值變動之影響，作為擬具因應措施之依據。

2.壓力測試方式可採歷史情境法或假設情境法以衡量所涉及之風險衝擊效果。

(1)歷史情境法係指利用過去某一段時間，市場曾經發生劇烈變動之情境，評估其對目前資產組合所產生潛在之損益影響。

(2)假設情境法係執行壓力測試者自行假設可能之各種情境，評估其對目前資產組合所產生潛在之損益影響。

(3)公司宜根據本身的投資組合特性，考慮壓力測試之假設內容，選定適當之測試方式。

5.3 流動性風險

5.3.1 流動性風險管理原則

流動性風險分為「資金流動性風險」及「市場流動性風險」。「資金流動性風險」係指無法將資產變現或取得足夠資金，以致不能履行到期責任之風險；「市場流動性風險」係指由於市場深度不足或失序，處理或抵銷所持部位時面臨市價顯著變動之風險。保險業應訂定適當之流動性管理機制，並落實執行，其管理機制至少應包括下列項目：

1.資金流動性風險管理。

2.市場流動性風險管理。

3.異常及緊急狀況資金需求策略。

5.3.2 資金流動性風險管理

1.保險業應依業務特性評估與監控短期現金流量需求，並訂定資金流動性風險管理機制，以因應未來之資金調度。
2.保險業應設立一獨立於交易單位之資金調度單位，每日現金管理及持續性現金流量管理，並負責監控各業務單位淨現金流量。
(1)應綜合考量各部門對資金需求之金額與時程，進行資金管理。
(2)資金調度單位需與業務單位及相關部門保持密切聯繫，並針對個別交易之資金使用狀況，與結算交割相關部門相互溝通。
3.資金流動性除應考慮本國短期資金調度外，亦需考量跨國或跨市場之資金流量調度。
4.保險業得採用現金流量模型，以評估及監控公司之中、長期現金流量變化情形。

5.3.3 市場流動性風險管理

1.保險業應考量市場交易量與其所持部位之相稱性。
2.巨額交易部位對市場價格造成重大影響，應謹慎管理之。

5.3.4 異常及緊急狀況資金需求策略

1.保險業對異常或緊急狀況導致之資金需求，應擬定應變計畫。
2.發現業務單位重大與異常使用現金情形時，資金調度單位應通報風險管理單位或其他相關單位，必要時得成立危機處理小組，以處理重大流動性風險。

5.4 作業風險

5.4.1 作業風險管理原則

作業風險係指因內部作業流程、人員及系統之不當或失誤，或因外部事件造成之直接或間接損失之風險。其內容包括法律風險，但不包括策略風險及信譽風險。

保險業對於作業風險應訂定適當之風險管理機制，其內容包含但不限於下列各項：

1.作業風險控管措施。
2.作業風險辨識。
3.作業風險衡量。
4.作業風險管理工具。

5.4.2 作業風險控管措施

1.適當之權責劃分

各項業務活動及營運交易之作業流程應建立適當之權責劃分。

2.授權層級及授權額度

不同型態之業務及交易活動訂定明確之分層負責授權標準，各層級人員在授權範圍及授權額度內執行各項營運作業。

3.保留交易軌跡

公司應依規定保留各項業務活動及營運交易之文件紀錄或相關資訊。

4.法令遵循

公司應依法指定法令遵循主管，並由其擬訂法令遵循制度，報經董事會通過後施行。各相關單位應訂定業務規章，以作為業務進行之遵循依據，並應定期評估法令遵循執行情形。

5.簽訂契約之風險管理

公司各項對外契約之內容條件，除應事先詳細評估外，並應經公司之法務單位或法律顧問審閱，再依裁決權限簽核後，始得簽訂。但若公司訂有分層授權辦法時，則可依該辦法執行。

6.委外作業管理

公司辦理委外作業時，應遵循主管機關頒布之相關規定及公司內部作業規範辦理。

7.法律糾紛之風險管理

公司或員工因執行職務而成為訴訟或仲裁案件被告時，應即通知公司之法務單位或法律顧問，俾評估公司應採取之法律行動。

8.法令變動風險之管理

公司應密切注意與所營事業相關法令之訂定與修正，分析其可能對公司產生之影響，並採取因應措施。

9.非契約權利風險之管理

公司應保護公司有形及無形之資產，就公司之有形資產應完成必要之登記或法律程序，以確保公司之所有權或其他權利得依法行使；就公司之無形資產應建立必要機制，確保公司之智慧財產權不受第三人非法之侵害。若欲授權第三人使用公司之智慧財產權，應於授權契約中明定授權之期間、範圍與方式。

10.緊急事故危機處理

公司應建立緊急事件危機處理作業機制及資訊系統損害應變處理等備援機制，確保重大危機事故發生時，公司仍可繼續運作，持續提供客戶服務，並將損失影響程度降至最低。

5.4.3 作業風險辨識

作業風險辨識應考量人員、系統、流程或外部事件等主要風險因子，以確保商品、企業活動、流程及系統在推出或上線前已完成適當之作業風險辨識。

5.4.4 作業風險衡量

作業風險衡量主要係為了解作業風險之程度及本質，進而能協助作業風險回應方案之形成及決定實施之優先順序。而作業風險程度主要是由發生可能性及影響程度來決定。風險之發生可能性及影響程度可利用質化或量化方式進行分析。

1.質化分析

質化分析方式主要是利用敘述方式來定義風險程度。完成質化之發生可能性及影響程度分析後，可透過風險比對步驟得出作業風險之高低程度並給予不同之風險因應方式。

2.量化分析

當有足夠之作業風險歷史資料，並且有能力將作業風險發生可能性及影響程度利用數字表達時，宜使用量化之作業風險衡量方式。

5.4.5 作業風險管理工具

保險業應建置質化或量化之工具來辨識、衡量及管理作業風險，常用之作業風險管理工具如下，各公司得視需要酌予採用：

1.蒐集作業風險損失資料

保險業可蒐集彙整過去內部或外部損失事件，以作為未來風險評估之依據。

2.風險及控制自評（RCSA；Risk and Control Self-Assessment）：

風險及控制自評是保險業內部評估關鍵風險、控制設計重點、及控制缺失之後續因應措施之主要工具。保險業藉由風險及控制自評程序，內部的營運單位可辨識出其潛在作業風險，進而發展出管理作業風險之適當程序。

3.關鍵風險指標（KRI；Key Risk Indicator）：

關鍵風險指標是量化作業風險測量指標之一，代表於特定流程中之作業風險表現。

5.5 保險風險

保險風險係指經營保險本業於收取保險費後，承擔被保險人移轉之風險，依約給付理賠款及相關費用時，因非預期之變化造成損失之風險。

保險業對於保險風險中所涉及之商品設計及定價、核保、再保險、巨災、理賠及準備金相關風險等，應訂定適當之管理機制，並落實執行。

5.5.1 商品設計及定價風險

1.商品設計及定價風險管理原則

商品設計及定價風險係指因商品設計內容、所載條款與費率定價引用資料之不適當、不一致或非預期之改變等因素所造成之風險。保險業對於商品設計及定價風險應訂定適當之風險管理機制，並落實執行；其內容可包含但不限於下列項目：

(1)評估商品內容之妥適性、合法性及市場競爭力。
(2)檢視商品費率之適足性、合理性及公平性。
(3)檢測行政系統之可行性。
(4)商品設計及定價風險衡量方法。
(5)商品設計及定價風險控管方式。

2.商品設計及定價風險衡量

商品設計及定價風險衡量可按不同類型之商品訂定適當之質化標準或量化方法予以衡量，以作為保險風險管理之依據，以達成風險管理之目的。

(1)以質化方式衡量風險時，可透過文字的描述表達風險發生之可能性及其影響程度，以適當反應風險。
(2)對於可量化之風險，可採統計分析或其他方法進行分析衡量，並針對不同商品所面臨較敏感之因素，進行相對應之敏感度分析或情境分析（適用於壽險業）。

3.商品設計及定價風險衡量工具

保險業進行商品設計及定價風險衡量時，可參酌之衡量方法包括但不限於下列項目：

(1)利潤測試（適用於壽險業）
a.執行利潤測試時，應依據商品類型及特性，配合公司之經營策略，訂定可接受之利潤目標，藉以檢驗或調整商品之設計及定價風險。
b.對於利潤測試過程中所採用之各項精算假設，除須與商品內容一致外，亦應有相關之精算理論或實際經驗為依據，其訂定之過程及採用之方法須符合一般公認之精算原則。
c.利潤測試指標

一般所採用之各種利潤衡量指標，可包括但不限於下列所示：

(a)淨利（損）貼現值對保費貼現值之比率（Premium Profit Margin）
(b)新契約盈餘侵蝕（New Business Strain）
(c) ROA（Return on Asset）
(d)損益兩平期間（Break Even Year）
(e) ROE（Return on Equity）
(f) IRR（Internal Rate of Return）

(2)敏感度分析（適用於壽險業）
a.保險業可對個別風險因子進行敏感度分析，以利風險評估。
b.敏感度測試可包括：投資報酬率、死亡率、預定危險發生率、脫退率及費用率等精算假設。
c.敏感度較高之風險因子，應作進一步分析。

(3)損失分配模型（適用於產險業）
a.保險業針對各種同質性之承保風險，可建立損失分配模型，以評估該承保風險之損失期望值，及不同信賴水準下之可能損失。
b.建立損失分配時,可分別考量損失頻率、損失幅度及損失之相關性。
c.當承保風險缺乏同質性，或經驗資料不足，尚難建立損失分配以評估風險時，可尋求再保人或其他外部機構協助，必要時須加以調整。

4.商品設計及定價風險控管
保險業可針對不同保險商品，依商品特性進行風險控管，其可參酌之方法包括但不限於下列項目：
(1)資產配置計畫（適用於壽險業）：應與投資人員就商品特性進行溝通後，並依其專業評估而制定，對於可能發生之不利情勢，應制定適當之應變方案。
(2)風險移轉計畫：採取移轉之方式，將全部或部分之風險轉移。
(3)精算假設：費率釐訂所採用之精算假設可視情況加計適當之安全係數。
(4)經驗追蹤：商品銷售後可定期分析各項精算假設、進行利潤測試或經驗損失率分析，藉以檢驗或調整商品內容與費率釐訂。

5.5.2 核保風險

1.核保風險管理原則
核保風險係指保險業因執行保險業務招攬(不適用於專業再保險業)、承保業務審查、相關費用支出等作業，所產生之非預期損失風險。保險業對於核保風險應訂定適當之風險管理機制，並落實執行；其管理機制至少應包含下列項目：
(1)核保制度及程序之建立。
(2)核保手冊或準則之制定。
(3)核保風險管理指標之設定。

2.核保制度及程序之建立
保險業經營各項保險業務時，應建立其內部之招攬(不適用於專業再保險業)、核保等處理制度及程序，其內容至少應包含下列項目：
(1)保險代理人、保險經紀人、保險業務員與保險業之法律關係。(不適用於專業再保險業)
(2)聘用核保人員之資格及權責。
(3)招攬作業(不適用於專業再保險業)、核保作業之處理制度及程序。
(4)其他經主管機關規定應遵行之事項。

3.核保手冊或準則之制定
為求有效維護承保業務品質及降低潛在核保風險，保險業應就所經營之各項保險業務，分別制定相關之核保手冊，以資遵循。核保手冊中，應包括下列項目：
(1)承保業務種類及範圍、簽單條件與額度。
(2)拒限保業務之種類及其判核層級與額度。
(3)每一危險單位淨自留額度及分保標準。
(4)訂立各級核保人員分層授權範圍及額度。

4.核保風險管理指標之設定
為有效評估及檢測各項險種核保作業績效，保險業應制定相關管理指標以供管理階層參考。

5.5.3 再保險風險

1.再保險風險管理原則
再保險風險係指再保險業務往來中，因承擔超出限額之風險而未安排適當之再保險，或再保險人無法履行義務而導致保費、賠款或其它費用無法攤回等之風險。其管理機制至少應包含下列項目：
(1)保險業辦理自留及再保險之分出、分入業務時，應依相關法令規定建立再保險風險管理計畫，並適時檢討修正。

(2)保險業應考量其自留風險之承擔能力，訂定每一危險單位及每一危險事故之累積限額，並就超出限額之風險透過再保險予以移轉，以確保其清償能力，維護經營之安全。

(3)以限額再保險或其他以移轉、交換或證券化等方式分散保險危險之非傳統再保險，應依法令規定辦理。

2.再保險風險管理指標

再保險安排完成後，應定期監控再保險人之信用評等。

5.5.4 巨災風險

1.巨災風險管理原則

巨災風險係指發生之事故及損失足以造成單一險別或跨險別多個危險單位損失，且造成之損失總額可能影響公司之信用評等或清償能力。

2.巨災風險辨識

保險公司應依商品特性辨識各種可能會造成公司重大損失之巨災事件，此巨災事件可考量地震、颱風洪水等天然災害、空難與重大交通事故及傳染病等。

3.巨災風險衡量

巨災風險衡量應以風險模型或情境分析等方法進行最大可能損失評估，評估時應考量巨災風險累積效應（Risk Accumulation）與相關性。

4.巨災風險管理工具

保險業應以質化或量化之工具來辨識、衡量及管理巨災風險，常見之管理工具如下，各公司得視需要採用之。

(1)巨災風險損失紀錄：保險業可透過內部巨災損失紀錄，評估若再發生時可能造成之損失金額。

(2)風險模型：保險業得採用風險模型進行特定巨災風險損失評估，惟保險業應能充分了解評估結果所代表之意義。

(3)情境分析：保險業若無法以風險模型進行量化評估時，得以假設之極端巨災事件情境進行質化評估。

5.風險及控制自評：

產險業應定期檢視在假定之巨災事件或情境下各種保險商品之風險累積效應與公司風險限額之關連性，並評估公司自有資本是否滿足巨災風險資本需求。

6.關鍵風險指標：產險業應訂定巨災關鍵風險指標，並持續監控。

5.5.5 理賠風險

1.理賠風險管理原則

理賠風險係指保險業在處理理賠案件過程中，因作業不當或疏失而產生之風險。

保險業應審慎評估理賠風險並建立適當之理賠處理程序。

2.理賠處理程序

保險業對於理賠作業應訂定內部理賠處理程序，其內容至少應包含下列項目：

(1)聘用理賠人員之資格及權責。

(2)各險理賠作業手冊及理賠作業流程。

(3)各級理賠人員授權範圍、理賠金額授權額度及分層授權核決權限表。

(4)其他經主管機關規定應遵行之事項。

5.5.6 準備金相關風險

1.準備金相關風險管理原則

準備金相關風險係指針對簽單業務低估負債，造成各種準備金之提存，不足以支應未來履行義務之風險。

保險業對於保險業務之準備金相關風險應訂定適當之風險管理機制，並落實執行，其內容可包含但不限於下列項目：

(1)檢視準備金提存之合法性。

(2)訂定適當之準備金提存處理程序。

(3)準備金風險之衡量。

(4)準備金相關風險控管方式。

2.準備金風險之衡量

公司對於各種準備金之量化分析，應依據準備金特性，選取適當之方法建立可行之風險量化模型，進行準備金之適足性分析，其分析方法可選取但不限於下列項目：

(1)現金流量測試法。

(2)損失率法。

(3)總保費評價法。

(4)隨機分析法（Stochastic Methods；Mack Method 或 Bootstrap Method）。

(5)若無足夠資料可編製損失發展三角表，公司亦可採取變異係數

（Coefficient of Variation）進行風險衡量。

3.準備金相關風險控管
保險業可針對不同之準備金相關風險，依其影響程度、發生機率之高低及發生之先後順序，進行風險控管，其中可包含但不限於下列項目：
(1)風險移轉計畫：採取移轉之方式，將全部或部分之風險轉移。
(2)準備金增提計畫：對判別為準備金風險超限或準備金不適足時，可採取計劃性方式增提準備金。

5.6 資產負債配合風險

5.6.1 資產負債配合風險管理原則

資產負債配合風險係指資產和負債價值變動不一致所致之風險，保險業應根據所銷售之保險負債風險屬性及複雜程度，訂定適當之資產負債管理機制，使保險業在可承受之範圍內，形成、執行、監控和修正資產和負債相關策略，以達成公司預定之財務目標。其內容可包含但不限於下列項目：
1.資產負債配合風險辨識。
2.資產負債配合風險衡量。
3.資產負債配合風險回應。

5.6.2 資產負債配合風險辨識

資產負債配合風險之辨識宜考量下列幾種風險：
1.市場風險：主要指資產市場價格之變動所致之損失。可能來自利率變動、匯率變動、資產和負債價格變動幅度不一。
2.流動性風險：主要指無足夠現金或流動性資產以滿足現金支出。
3.保險風險：主要指保戶行為致使負債現金流量和資產流量無法配合之情形。

5.6.3 資產負債配合風險衡量

保險業在考量經營環境及保險商品之風險屬性及複雜度後，可參酌但不限於下列之資產負債管理衡量方法：
1.存續期間（Duration）或凸性分析（Convexity）。
2.風險值或條件尾端期望值。
3.資金流動比率（Liquidity Ratio）。
4.現金流量管理（Cash Flow Management）。

5.確定情境分析（Deterministic Scenario Testing）。
6.隨機情境分析（Stochastic Scenario Testing）。
7.壓力測試。

5.7 其他風險

保險業除應控管經營時所面臨上述各項風險外，對於其他風險如有必要應依據風險特性及其對公司之影響程度，建立適當之風險控管處理程序。

6.報告及揭露

6.1 風險報告

6.1.1 保險業應編製相關之風險報告，並定期提報至適當之管理階層，其審核過程與結果應予文件化並適當保存。

1.各業務單位主管應確保其所負責之往來交易情形，及相關風險曝險狀況均依公司本身及主管機關之規範進行適當記錄，其內容可包括風險管理流程中之風險辨識、依循之假設及衡量方法、風險回應措施、資訊來源及風險評估結果，並依照規定定期將風險資訊傳遞予風險管理單位。於違反風險限額時，應提出超限處理報告及因應措施。
2.風險管理單位或人員應彙整各單位所提供之風險資訊，定期提出風險管理相關報告，並檢視追蹤主要風險限額之運用狀況，以便能定期監控風險。發生異常狀況時，保險業應依照公司內部訂定之特殊事件處理程序提出分析報告，以達即時有效之監控管理與回應。

6.1.2 保險業應依據本守則之相關規範，定期出具整體風險管理報告，並提報董事會，以確實督導風險管理之有效執行。

6.2 風險資訊揭露

保險業除應依主管機關規定及其他財務會計準則規範揭露相關資訊外，亦應將經董事會通過之風險管理報告妥善保存。

7.風險管理資訊系統

7.1 風險管理資訊系統架構

保險業應視需要建置相關之資訊系統，以協助風險管理作業，該系統在架構上涵蓋應用面、資料面與技術面三個重要部分。

1.應用面架構提供保險業風險管理所需之資訊系統相關功能。
2.資料面架構定義應用系統所需資料及存取介面，應考量資料庫建置及資料之完整性。
3.技術面架構定義系統運作之軟硬體環境，建置時應確保系統之安全性。

7.2 風險管理資訊系統之功能

7.2.1 有關保險業風險管理相關資訊系統應用面架構設計，應考量保險業各層級目前與未來可能之風險管理功能需求。

7.2.2 保險業建立風險管理相關資訊系統架構時，宜考量不同風險報告揭露之頻率、對象及格式。

7.3 資料庫之建置暨資料之完整

7.3.1 保險業建置資料庫時應考量資料結構、資料明細及資料存放位址。資料庫基本架構應考慮風險資訊傳輸格式與頻率，並減少重複資料以提高效率。

7.3.2 保險業所建置之資料庫，應注意資料之完整性及正確性。

7.4 風險管理資訊系統之安全性

7.4.1 系統與模型之安全性

保險業所建置之風險管理技術架構必須規範所需之安全程度，以確保保險業資訊、系統及模型之機密性、完整性及可用性。
1.安全性涵蓋領域包括：存取權限、使用者控管、網路安全性及模型安全性。
2.需加強控管開發期間或使用期間，資訊系統相關文件之保存與管理。

7.4.2 系統備份、回復和緊急應變措施

保險業所建置之風險管理技術架構，應訂定適當之資料備份及回復程序，以確保在可接受範圍內，面臨軟硬體或通訊設備故障時仍能運作；事故之處理並應訂定完整之緊急應變措施。主要範圍宜包括：異地備援、災後復原、容錯、備份及因應對策。

7.4.3 資訊技術之開發

保險業之風險管理相關資訊系統，不論是自行開發或委外購買，皆應在可管理之狀況下，注意其功能之實用性、可擴充性及可執行性。外

購系統之選擇需考慮系統功能之完備性，與供應商或系統商之專業能力及支援能力。

8.附則

8.1 外國保險業在台分公司應依本守則之規定辦理。但若其風險管理機制係依循國外總公司相關規定，採行與本守則規範內容相當或較先進之方法辦理並提出相關證明文件者，則不在此限。

8.2 本守則經中華民國產物保險商業同業公會及中華民國人壽保險商業同業公會理事會通過並報金融監督管理委員會備查後施行；修正時，亦同。

附錄：模擬考題與參考解答(一)

壹、選擇題：

1. 人壽保險保費計算基礎三種因素為 A.預定死亡率、預定職業類別費率、預定利率 B.預定死亡率、預定利率、預定營業費用率 C.預定獲益率、預定利率、預定營業費用
2. 保險契約有疑義時，應作有利於何人的解釋為準 A.被保險人 B.受益人 C.保險人 D.以上皆非。
3. 依保險法第 64 條規定，保險人得解除契約須具備的要件有 A.要保人故意隱匿或過失遺漏，或為不實之說明 B.須足以變更或減少保險人對於危險之估計 C.要保人之不實告知，須在契約訂立時所為 D.以上皆是。
4. 對於損失頻率低而損失幅度高的風險，下列何種風險管理策略最佳　A.損失抑制+保險+自留　B.損失預防+損失自留　C.損失預防+自負額　D.損失預防+保險+專屬保險。
5. 下列何種風險非屬純損風險範疇 A.財產風險 B.金融風險 C.第三人責任風險 D.交通意外風險
6. 每 10,000 位旅客，一年約發生事故 100 次，一年總計的損失金額為 1 億元，請問純保費應該多少才合理？
 A.5,000　B. 1,000　C. 15,000　D. 10,000
7. 下列何者屬於人身風險管理中的『控制型風險管理』方式 A.避免 B.保險 C.忽略 D.自行承擔
8. 投機性危險之存在，會有下列何種可能結果　A.有損失 B.無損失　C.獲利　D.以上皆是。
9. 控制型的危險管理措施，其目的在　A.實質危險因素　B.控制危險之損失頻率與幅度，以改善危險之性質 C.控制危險之數量　D.以上皆非。
10. 保險法之所以將自殺、自殘、或保險利益列入，係為對何種風險進行管理?　A. 身體上的危險　B.心理上的危險 C.道德上的危險　D.隱藏性的危險

11. 比較健康與傷害保險，下列敘述何者為非？A.健康險的承保範圍較大 B.健康險所需考量的核保面向較廣 C.健康保險示範條款的除外事項較多 D.傷害險契約有等待期間的規定，而健康險則無
12. 以下敘述何者有誤？ A.生死合險同時提供生存或死亡給付 B.還本型壽險可用於子女教育基金或退休養老儲蓄 C.定期壽險無現金價值 D.遞減定期壽險適合有房屋貸款的保戶
13. 個人財務規劃終其一生如果只需要壽險保單，此保單提供彈性保費支付和死亡保額給付，因此適合作為個人生命週期的保單者是：A.定期壽險 B. 25 年期養老保險 C. 20 年繳費終身壽險 D.萬能壽險
14. 張先生為自己投保新台幣 100 萬元保額的定期壽險，若其在契約有效期間內因意外事故而致十足趾缺失，則可獲得的殘廢保險金為新台幣多少元？A.無給付 B. 10 萬元 C. 50 萬元 D. 100 萬元
15. 有關變額壽險之敘述，下列何者錯誤？ A.可由要保人自行選擇投資標的 B.要設置專設帳戶管理 C.要保人無須承擔投資風險 D.保險金額及現金價值由投資績效而定
16. 請保戶就要保書的書面詢問事項應據實填寫清楚，否則壽險公司於訂約後何期間內或自知有解除原因何期間內主張行使契約權利? A. 2 年、1 個月 B. 2 年、2 個月 C. 1 年、1 個月 D. 1 年、2 個月
17. 以「生命價值法」計算保險需求時，下列敘述何者錯誤？A.年紀越高，保險需求越低 B.個人支出占所得比重越大，保險需求越高 C.個人收入成長率越高，保險需求越高 D.投資報酬率越高，保險需求越低。
18. 勞工退休金新制和舊制勞基法所採行的制度為何？ A.二者均採確定給付制 B.二者均採確定提撥制 C.新制採確定給付制，舊制採確定提撥制 D.新制採確定提撥制，舊制採確定給付制

19. 在退休金計畫實施以前，即先設定員工到達退休時所能領取的退休給付金額，且雇主亦承諾於員工退休時一次支付一定數額之退休金或於員工退休後分期支付一定數額之退休金，此制度稱為： A.確定提撥制 B.確定給付制 C.年金制 D.以上皆是。

20. 每年遺族生活費用為 30 萬，市場利率為 2%，請概算應有保額? A.600 萬 B.1,200 萬 C.1,500 萬 D.1,800 萬

貳、問答題：

一、臺灣在 2004 年立法通過勞工退休金條例迄今已逾 10 年，勞退新制已逐漸取代勞動基準法有關退休給付的規定。請問勞退新制屬於確定給付制或確定提撥制？何謂勞退新制的雙軌制？

二、張先生現年 25 歲，年收入 120 萬元，預計 65 歲退休，張先生平時個人每年支出約 30 萬元，全家人的每年支出約 60 萬元。假設市場利率為 2%，且薪資成長率相等於通貨膨脹率，張先生之平均餘命為 75 歲。請問依照淨收入彌補法計算，若張先生 25 歲意外身故，應投保壽險保額多少?請問張先生的投保保額約為年收入的幾倍?

(年金現值係數(2%，25)=19.52)

(年金現值係數(2%，40)=27.36)

(年金現值係數(2%，50)=31.42)

三、為提高長照險商品之可負擔性，示範條款以那些原則作為設計前提？在長照險的示範條款中，對於免責期有何規範？示範條款對於生理失能以及失智的認定標準為何？與現行保單有何差異？何謂「稅負適格型（Tax-Qualified）長照保險」？

四、保險與生涯規劃，一直是大家重視的焦點，請依年齡層，將生涯劃分為六個時期，並說明每個時期的保險規劃。

五、不同屬性的風險，須適用不同的風險管理方法，請列述說明？

六、請說明健康風險管理的規劃步驟？

七、請提出李大嬸的投保保額建議與保障缺口，相關數據如下：

1.喪葬費用與醫療費用：80 萬

2.房屋貸款負債+信用卡欠款+信用貸款欠款=650 萬

3.李大嬸遺留之個人費用；水電、電話費、保費、欠稅與貨款等生活費相關支出：20 萬

4.子女生活費與教育費、保母費：每月 5 萬元，需要二十五年的給付期間。(已扣除李大嬸的生活費相關支出)

5.假設市場利率為 2%

6.李大嬸身故時已儲蓄金額為 120 萬元(含社會保險給付、員工福利給付與個人儲蓄投資)，該金額不包含已投保之個人壽險身故給付金額。

7.另外假設李大嬸已投保之個人壽險保額 300 萬，保障缺口還有多少？

(年金現值係數(2%/12，300)=235.93)

八、解釋名詞或簡答題：

1.何謂實物給付型保險商品？

2.外幣保單有哪些特色？？

3.利率變動型壽險商品有哪些特色？

4.關於產險公司銷售健康險與傷害險有何規定？

5.請說明重大疾病保險包含哪些疾病與規定？

參考解答：

壹、選擇題：

1.(B) 2. (A) 3.(D) 4.(A) 5.(B) 6.(D) 7.(A) 8.(D) 9.(B)
10.(C) 11.(D) 12. (C) 13.(D) 14.(A) 15.(C) 16.(A)
17. (B) 18.(D) 19.(B) 20.(C)

貳、問答題：

一、

1.勞退新制屬於確定提撥制：勞退新制並無明確之退休金給付標準或公式，只規範雇主每月需要依照勞工薪資提撥至少 6%的金額，因此屬於確定提撥制。列舉勞退新制之提撥與給付要點如下：

(1)雇主負擔的提繳率不得低於勞工每月工資的 6%。

(2)勞工自願提撥每月工資 6%以內的金額，得自當年度個人綜合所得額中全數扣除。

(3)年金給付：年資超過 15 年選擇月退休金，月退休金金額依個人帳戶累積本息換算年金金額，應另投保超過平均餘命部分之年金保險。

(4)一次給付：年資低於 15 年選擇一次退休金[43]，領取金額為個人帳戶累積本息。

2.勞退新制之雙軌制：

(1)針對員工數超過 200 人以上之大企業，企業可以選擇個人帳戶制或年金保險制；但對於員工數未達 200 人一律僅能選擇個人帳戶制。

(2)勞工退休金年金保險制從 94 年公佈實施，105 年初尚未真正實施，尚無企業選擇年金保險制；主要原因與壽險公司須保證最低投資收益率且限制企業員工數須超過 200 人攸關。

[43] 廖勇誠(2012)

*勞動部104年10月指出，著手推動勞工退休金條例修法，將允許年資超過15年者，可同時選擇一次給付或年金給付並刪除延壽年金。若完成三讀，年金給付部分則改為確定年金給付模式。

二、
(1)淨收入=未來收入的現值-未來支出的現值。
收入現值=120x27.36=3,283.2
支出現值=30x31.42=942.6
淨收入= 2,340.6
應有壽險保額=2,340.6 萬
(2) 2,340.6/120=19.5
投保保額約為年收入的 19.5 倍。

三、
1.設計前提：
(1)設計免責期間：免責期間需在 6 個月以內，並於保險費率予以反映。
(2)需要符合生理功能障礙或認知功能障礙等失能或失智要求。
(3)其他：明訂疾病認定範圍與疾病判定標準等。

2.生理失能以及失智的認定標準
(1)生理功能障礙：進食、移位、如廁、沐浴、平地移動與更衣障礙等六項日常生活自理能力持續存在三項以上(含)之障礙。
(2)認知功能障礙：被診斷確定為失智狀態並有分辨上的障礙，在意識清醒的情況下有時間、場所或人物分辨上之障礙，判定有下列三項分辨障礙中之二項(含)以上者。

相較之下，長期照護保險示範條款頒佈前，保險業者對於生理失能及失智之認定標準並未統一而且與示範條款顯有差異。例如：頒佈前約定長期看護狀態如下：時常處於臥床狀態，無法在床舖週遭以自己的力量步行，並符合4項狀態中2項：

(1)無法自行穿脫衣服。

(2)無法自行入浴。

(3)無法自行就食。

(4)無法自行擦拭排泄之大小便。

3.免責期間：長期照護保險通常約定事故發生後3~6月內為免責期間，在免責期間內壽險公司不給付被保險人或受益人任何失能給付。

4.稅負適格型（Tax-Qualified）長照保險：可以享有保費列舉扣除額稅惠之長期照護保險。

四、

隨著年齡的增長，家庭成員、事業發展與經濟負擔也隨之變化，此時保戶的理財工具與壽險需求自然也必須隨著變化。

期間	保險需求
探索期 15~24歲	父母為子女購買基本壽險與健康險、傷害險
建立期 25~34歲	基本壽險、醫療、傷害險保障
穩定期 35~44歲	房貸壽險或保障型終身壽險、分期繳儲蓄型商品與投資型商品
維持期 45~54歲	年金保險、儲蓄保險、投資型保險、長期醫療保險
空巢期 55~64歲	年金保險、儲蓄保險、投資型保險與長期醫療保險
養老(退休)期65歲後	躉繳年金、躉繳儲蓄險與保險金信託

五、

不同種類的風險，須適用不同的風險管理方法，摘述如下：

1.損失頻率高且損失幅度高：避免、預防與抑制。

2.損失頻率高且損失幅度低：自己保險、自行承擔、損失預防抑制。

3.損失頻率低且損失幅度高：保險、移轉與損失抑制。

4.損失頻率低且損失幅度低：自行承擔、忽略。

六、

健康風險主要包含疾病與意外所導致的人身風險，健康風險之管理可透過風險管理的步驟加以管理，列述如下：

1.健康風險的確認：定期留意相關衛教與醫療資訊，瞭解可以面臨的各項疾病，諸如：腸病毒、流行性感冒、癌症及心血管疾病等。

2.健康風險的評估：了解各項疾病發生的頻率與幅度，包含治療費用與是否復發、是否易被傳染、是否可以避免、醫療費用負擔能力。

3.選擇並執行健康風險管理的策略

(1)控制型風險管理策略：

(a)定期健康檢查與落實健康須知：諸如每年全身健檢、加強個人清潔與留意飲食衛生。

(b)預防：個人飲食習慣的改善、生活作息正常化、良好休閒運動習慣之建立、避免或減少涉足病毒肆虐場所或高意外風險場所。

(c)抑制或隔離：諸如：病人與非病人日常生活需有適當的管理或隔離，避免交叉感染以及針對已發現疾病應積極接受治療，避免病情惡化。

(2)財務型風險管理策略：

(a)投保醫療保險、手術保險、意外醫療保險、長期照護保險、癌症保險、重大疾病及特定傷病保險。

(b)定期儲存健康基金，作為緊急醫療發生時之醫療預備金。

4.定期檢討與調整：定期更新相關衛教與醫療資訊，並注意疾病或意外風險與治療方式等事項之變化。

七、

(1)應有的投保保額=未來遺族所需的支出現值+身故後立即必要支出-身故時已儲蓄或投資金額：

a.未來遺族所需支出的現值 50,000x 235.93≒1,180 萬

b.應有的投保保額=750+1,180-120=1,810 萬

(2)李大鏞的保障缺口=1,810-300=1,510 萬

八、

1.實物給付型保險商品：指保險契約中約定保險事故發生時，保險公司透過提供約定之物品或服務以履行保險給付責任。實物給付型商品得採取實物給付與現金給付混合之方式設計。

2.外幣保單：外幣保單之保費、解約金、保單貸款或保險給付皆以外幣收付。外幣傳統壽險商品與台幣收付的傳統壽險商品，差異如下：

(1)預定利率與費用率等保單精算基礎不同：外幣保單責任準備金提存利率與台幣保單不同，因此預定利率不同；另外外幣保單之費用率等精算假設，與台幣保單仍存有落差，因而存有不同的給付內容與費率。

(2)匯款費用負擔：外幣保單保戶可能需負擔。

(3)匯率風險承擔：外幣保單保戶需負擔匯率波動風險。

(4)保險給付與款項：外幣保單以外幣支付滿期金、生存金、身故保險金、保單貸款或解約金等各項給付或款項。

3.利率變動型壽險：利率變動型壽險商品概念為傳統壽險加上利差回饋概念，摘列商品特色如下：

(1)繳費方式：利率變動型壽險與傳統型壽險相同，必須定期繳納保費，分為年繳、半年繳、季繳、月繳或躉繳等。

(2)保單價值準備金累積：利率變動型壽險與傳統型壽險相同，各年度的保障與保單價值準備金金額投保時就已決定，但可透過宣告利率與預定利率的利差值，乘上保單價值準備金的方式，定期額外給付增值回饋分享金或增額繳清保額。

(3)費用揭露：通常利率變動型壽險之各項費用項目，並未逐一明確揭露。

4.金管會於 97 年 4 月訂定發布《財產保險業經營傷害保險及健康保險業務管理辦法》，同意產險業經營一年期非保證續保的健康險與傷害險業務；並於 104 年 12 月放寬產險業者，得經營三年期以下且不保證續保之傷害保險及健康保險。

5.重大疾病保險：當罹患重大疾病時，保險公司可立即給付重大疾病保險金，提供被保險人醫療費用與生活費用之補償。重大疾病項目包含急性心肌梗塞、末期腎病變、腦中風後殘障、癌症、癱瘓、重大器官移植或造血幹細胞移植與冠狀動脈繞道手術等七項。

附錄：模擬考題與參考解答(二)

壹、選擇題：

1. 下列何者屬於損失抑制措施　A.滅火　B.出售殘餘物　C.急救送醫及復健　D.以上皆是。
2. 每年遺族生活費用為 30 萬，市場利率為 5%，請概算應有保額？ A.600 萬　B.1200 萬　C.1500 萬　D.1800 萬
3. 新型態風險管理工具不斷推出，包含下列何者？ A. 巨災債券　B. 財務再保　C.巨災衍生性商品 D. 以上皆是。
4. 對於損失頻率低而損失幅度高的風險，下列何種風險管理策略最佳　A.損失抑制+保險+自留　B.損失預防+損失自留　C.損失預防+自負額　D.損失預防+保險+專屬保險。
5. 下列何種風險非屬純損風險範疇 A.財產風險 B.市場風險 C.第三人責任風險 D.交通意外風險
6. 富樂壽險公司統計過去一年承保的 100 萬位旅客中，有 1.9 萬人發生事故，其中有 6,000 人申請理賠 1 萬元、8,000 人申請理賠 2 萬元、5,000 人申請理賠 3 萬元，則損失頻率與損失幅度分別為多少？ A. 0.019，400　B. 0.019，19,500　C. 0.019，1,950　D. 1.9 萬次，20,000
7. 下列何者敘述不正確？A 風險因素會影響損失幅度 B.風險事故會影響風險因素 C.風險事故為造成損失的意外事故 D.風險因素可能造成風險事故
8. 利用專屬保險公司管理風險，係屬風險管理方法中之？ A.移轉　B.控制 C.自留與承擔　D.分散。
9. 下列何者不屬於風險管理之成本？　A.保險費　B.保險賠款　C.減少產量　D.安全設備支出。
10. 請問製造商因產品製造過程中之疏失導致消費者的傷害或死亡所應賠償之責任是屬於：　A.人身風險　B.財產風險　C.責任風險　D.以上皆非

11. 要保人向壽險公司投保 20 年期生死合險，保單經過 5 年後申請減額繳清保險，辦理減額繳清保險後，下列敘述何者正確：①保險金額：減少 ②保險期間：縮短 ③保險內容：與原契約相同 ④滿期保險金：無 A. ①② B. ①③ C. ②③ D. ②④
12. 勞工保險老年年金和勞工退休金個人帳戶制是屬於？ A. 二者均採確定給付制 B.二者均採確定提撥制 C.勞保年金採確定給付制，個人帳戶制採確定提撥制 D.勞保年金採確定提撥制，個人帳戶制採確定給付制
13. 藉由增購安全設備，而減少全部員工 15%的傷害成本。這個例子是
A.風險控制成本和風險融資成本的消漲
B.風險控制成本和預期直接損失成本的消漲
C.剩餘不確定成本與風險融資成本的消漲
D.風險融資成本和預期直接損失成本的消漲
14. 下列何者不是一個典型風險經理人的職責？ A.發現風險曝露數 B.為面臨的財務風險購買保單 C.估計損失頻率及損失幅度 D.管理並執行風險管理專案計畫
15. 關於整合型風險管理，下列敘述何者最為適當？
A.提供可保危險傳統的保險保障之計畫
B.僅提供財務風險與可保危險傳統的保險保障之計畫
C.僅提供財務風險與經營風險的保障之計畫
D.融合保險危險、財務風險與經營風險三個領域之全方位管理
16. 與團體有關且事件發生時波及範圍大之危險，稱為： A. 主觀危險 B.客觀危險 C.特定危險 D.基本危險
17. 指數年金(EIA)是一個相當受到注意的商品，以下那些是指數年金的投資目標？(1)本金的安全性；(2)保證報酬率；(3)短期投資；(4)資產報酬： A.1234 B.124 C.134 D.234。

18. 對於儲蓄僅足以維持一個人生活的年老夫妻而言，下列何種年金較適合？　A.單生年金　B.連生年金　C.連生及生存者年金　D.連生及二分之一年金。
19. 小劉申請購買富樂壽險公司的終身壽險保單，核保人員依所提供之文件審核。小劉在核保之條件下被認為其損失可能性較平均還低，此資訊顯示小劉的危險是：A.標準體 B.次標準體 C.優良體 D.拒保
20. 銀行鼓勵貸款人購買房貸壽險，對銀行而言，是何種風險管理？　A.損失抑減　B.損失防阻　C.控制型移轉　D.理財型移轉。

貳、問答題：

一、向壽險公司投保旅行平安保險與信用卡附贈旅遊保險保障，二者承保範圍有何差異？請分別就意外身故、醫療、海外急難救助與旅遊不便險等各層面說明。

二、依據保險法107條與示範條款，以未滿15足歲之未成年人為被保險人之壽險保單，其身故保險金如何理賠？依據示範條款，要保人因失業而無力繳納保費，請問您建議要保人可以辦理哪些契約變更或保戶服務項目？

三、請就長壽風險角度分析風險管理的步驟。

四、試以人壽保險為例，申論個人如何在定期壽險、終身壽險與儲蓄型保險中進行選擇。並敘述定期壽險、終身壽險與儲蓄型保險各有何優缺點，分別適合那些類型的人購買。

五、請舉一實例說明你會利用買那些保險商品為中小企業進行企業人身風險管理之規劃？

六、近年來，金融機構跨業經營已成為一個趨勢，而銀行保險是相當普遍的型式，試述金融整合的優點，並分析銀行跨

足保險業時，何以選擇之市場以壽險為主？

七、壽險公司經營需面臨許多風險，請問何謂市場風險、信用風險、資產負債配合風險、作業風險？可採行之風險管理方法各有哪些，試申論之？

參考解答：

壹、選擇題：

1.(D) 2.(A) 3.(D) 4.(A) 5.(B) 6.(B) 7.(B)
8.(C) 9.(B) 10.(C) 11.(B) 12. (C) 13.(B) 14.(B)
15.(D) 16.(D) 17.(B) 18.(B) 19.(C) 20.(D)

貳、問答題：

一、

旅行平安險與信用卡刷卡附贈保險，二者保障內容差異頗大，需要釐清，原則上信用卡刷卡附贈保險之保障內容大多僅包含航空與大眾運輸工具之意外身故保障，並未提供全程意外與醫療保障，務需留意。摘要列表比較如下：

保障內容	信用卡刷卡附贈保險	旅遊平安保險
人身保障	限制在搭乘飛機或大眾運輸工具造成身故或殘廢才有理賠;絕大部分並未提供全程旅遊保障	全程的身故或殘廢保障
醫療保障	無	包含疾病或意外醫療給付
海外急難救助	通常無	海外急難救助費用由保險公司負擔。包含免付費電話、醫療諮詢、返國安排、

保障內容	信用卡刷卡附贈保險	旅遊平安保險
		遺族海外善後機票與住宿費用、出院後療養安排等各項服務
旅遊不便保險	通常包含旅遊不便保險，涵蓋行李遺失、行李延誤、班機延誤等保障	少數壽險公司提供

二、

1.為保護弱勢族群並減少道德危險事故發生，保險法令針對未滿 15 足歲被保險人之理賠金額，訂有身故理賠金額限制。依據保險法 107 條與示範條款，以未滿 15 足歲之未成年人為被保險人之壽險保單，其身故保險金理賠金額為所繳保費加計利息或所繳保費。

2.建議要保人可以辦理哪些契約變更或保戶服務項目：

a.減額繳清保險

b.展期定期保險

c.降低保額

d.保單貸款

e.墊繳保費或停扣保費

f.解約或部分提領

三、

長壽風險可透過風險管理的步驟加以管理，列述如下：

1.長壽風險的確認：了解平均壽命延長與人口高齡化、少子化的趨勢。

2.長壽風險的評估：人口老化速度愈趨加快、醫療看護費用預估、退休後生活費用預估。

3.選擇並執行各種因應長壽風險的策略：

(1)控制型風險管理策略：定期健康檢查、生活作息正常化、保持持續運動習慣與增加蔬果攝取等。

(2)財務型風險管理策略：退休生活方面，可投保傳統型年金保險、利率變動型年金保險與變額年金保險，並配合定期透過存款或基金儲備額外退休基金。健康保險方面，可投保終身醫療保險、重大疾病或長期照護保險。

4.定期檢討與調整：定期檢視退休資產配置情形並定期安排健康檢查。

四、

險種	優缺點	適合投保之族群
定期壽險	●優點：保費低、保障高 ●缺點：無生存還本、定期保障、解約金低	●社會新鮮人、新婚族群 ●家庭經濟重擔 ●房貸族、信貸族
終身壽險	●優點：終身保障、解約金穩定成長 ●缺點：保費較定期保險貴，儲蓄功能弱於養老保險	●有一定收入或資歷的上班族 ●喪葬費用與遺產規劃族群 ●終身保障族群與強迫儲蓄族群
養老保險	●優點：滿期領回多、生存還本高、儲蓄性強 ●缺點：保費最貴、保障低	●中高齡族群 ●定期儲蓄族群 ●已有基本保障族群

五、

針對中小企業，建議之人身風險管理規劃如下：

型態	規劃摘要	規劃內容
員工基本意外、疾病與身故保障	企業團體保險結合福委會提撥基金	●團體壽險附加醫療、意外、職災與重大疾病保障。 ●福委會提撥員工額外慰問基金與主管慰問關懷金。
員工眷屬人	企業員工自選專	●透過講座與顧問服務，提供

型態	規劃摘要	規劃內容
身風險、員工個人保障缺口	案結合企業個人保險顧問服務	員工與員工眷屬優惠保險專案。 ●福委會提撥主管慰問關懷金或祝賀金。
員工老年退休 員工跳槽	勞工退休新制結合企業留才專案	●除勞工退休金個人帳戶外，針對符合資格員工，公司額外相對提撥資金投入年金保險商品或信託商品。
企業重要主管身故或重病	企業重要主管保險搭配輪調培訓制度規劃	●針對重要主管之身故或重病等重大事故，公司額外提撥準備金與投保重要主管保險，以降低事故發生對於公司之衝擊。 ●搭配主管輪調培訓制度。

六、

1.金融整合的優點：

a.採取保險與金融雙引擎營運策略，以提升長期穩定獲利與業績。

b.透過銀行保險與業務通路等多元通路管道，促進業績成長。

2.銀行跨足保險業時，選擇以壽險為主之理由如下：

從財富管理觀點來看，壽險商品之儲蓄投資與保障功能，更能強化銀行財富管理商品之缺口，也因此壽險商品已成為財富管理或個人理財規劃中，不可或缺的重要一環。進一步分析，壽險商品與銀行存款或基金商品的整合優勢如下：

a.人壽保險商品為長期商品，銀行存款商品主要為短期商品，透過長期商品可補銀行商品之不足。

b.萬能保險、利率變動型年金或躉繳儲蓄保險之儲蓄功能強，而且中長期商品報酬率常高於定期存款利率或活期存款利率，因此頗受存款戶青睞。

c.變額年金保險或投資型保險提供多元化基金商品與壽險或年金保障，商品特質與共同基金各有優劣，可以補強銀行基金信託商品平台。

d.透過壽險商品的稅惠，結合信託商品的專業管理與投資，可讓保險金給付更具彈性、安全性與誘因。

七、

1.市場風險：

(1)指資產價值在某段期間因市場價格變動，導致資產可能發生損失之風險。

(2)風險管理機制：保險業應針對涉及市場風險之資產部位，訂定適當之市場風險管理機制，並落實執行，諸如敏感性分析與壓力測試。

2.信用風險：

(1)指債務人信用遭降級或無法清償、交易對手無法或拒絕履行義務之風險。

(2)風險管理機制：保險業應針對涉及信用風險之資產部位，訂定適當之信用風險管理機制，並落實執行，諸如交易前後之信用風險管理與信用分級限額管理。

3.資產負債配合風險

(1)指資產和負債價值變動不一致所致之風險，保險業應根據所銷售之保險負債風險屬性及複雜程度，訂定適當之資產負債管理機制，使保險業在可承受之範圍內，形成、執行、監控和修正資產和負債相關策略，以達成公司預定之財務目標。

(2)風險管理機制：存續期間分析、風險值、現金流量管理、隨機情境分析與壓力測試。

4.作業風險

(1)指因內部作業流程、人員及系統之不當或失誤，或因外部事件造成之直接或間接損失之風險。

(2)風險管理機制：適當之權責劃分、保留交易軌跡、強化法令遵循與危機處理等。------題目來源：人身保險經紀人人身風險管理概要；個人風險管理師考題或作者自編或修訂

參考文獻

1. 方明川，個人年金保險新論， 作者自行出版，1995 年
2. 方明川，商業年金保險概論， 作者自行出版，2011 年 3 月
3. 朱銘來，廖勇誠，王碧波等，人身保險經營實務與研究，白象文化，2011 年 11 月
4. 呂廣盛，個人壽險核保概論，作者發行，1995 年 5 月
5. 考選部，100 與 104 年考選統計，2012 年 5 月與 2015 年 7 月
6. 宋明哲，人壽保險，三民書局，1993 年 9 月
7. 宋明哲，現代風險管理，五南文化，2007 年
8. 柯木興，社會保險，中國社會保險學會，1993 年
9. 風險管理學會，人身風險管理與理財，2001 年
10. 保險事業發展中心，保險市場重要指標，2012 年 4 月
11. 保險事業發展中心，風險管理與保險規劃，2012 年 6 月
12. 保險事業發展中心，投資型保險業務員登錄考試訓練教材，2012 年
13. 風險管理學會，企業、個人風險管理師考題與參考解答，2001~2002 年&2011~2014 年
14. 許文彥，保險學-風險管理與保險，新陸書局，2012 年 2 月與 2015 年 5 月
15. 袁宗蔚，保險學，三民書局，1993 年 3 月
16. 壽險公會與保險事業發展中心，近年人壽保險業概況與近年保費數據，1995~2015 年
17. 壽險公會、保險事業發展中心、勞動部與衛生福利部，保險法令或網站法令條文、年報資訊或統計資訊，2012 年 9 月~2015 年
18. 壽險公會，人身保險業務員資格測驗統一教材，2012 年
19. 陳明哲，人身保險，華視文化出版，2011 年
20. 凌氤寶、康裕民與陳森松，保險學理論與實務，華泰文化，2008 年
21. 夏銘賢，台灣壽險業商品研發的演變及新趨勢，壽險季刊，1998 年
22. 國泰人壽、富邦人壽、新光人壽、中國人壽、安聯人壽、法國巴黎人壽、富邦產物、友邦產物、泰安產物、明台產物、華南產物、新光產物等保險公司商品簡介、條款與網站資訊

23. 潘文章，保險學，作者自印，1990 年 9 月
24. 鄭燦堂，風險管理理論與實務，五南文化，2008 年
25. 廖勇誠，個人年金保險商品實務與研究，2012 年 9 月
26. 廖勇誠，輕鬆考證照：人身與財產風險管理概要與考題解析，鑫富樂文教，2013 年 1 月
27. 廖勇誠，輕鬆考證照：外幣保單與保險理財，鑫富樂文教，2014 年 1 月
28. 廖勇誠，輕鬆考證照：人身保險經營與實務概要，鑫富樂文教，2014 年 9 月
29. 廖勇誠，健康保險、勞保與職災實務，鑫富樂文教，2016 年 1 月
30. 謝劍平，財務管理原理，第四版，智勝文化，2011 年 7 月
31. 謝劍平，投資學基本原理與實務，智勝文化，2013 年 2 月
32. 謝淑慧、黃美玲，社會保險，華立圖書公司，2012 年 9 月
33. 謝淑慧、王財驛，風險管理，華視文化，2012 年
34. Hallman & Jerry, Personal Financial Planning, 1993
35. Harvey W. Rubin, Dictionary of Insurance Terms, Fourth Edition
36. Mark S. Dorfman, Introduction to Risk Management and Insurance, Fifth edition
37. Kenneth Black, JR., Harold Skipper, JR.,Life Insurance, Prentice-Hall Inc, 1994
38. Mary C. Bickley, J.D., Ernest L. Martin, Marketing, Distribution and Uses of annuities, Life Office Management Association, Inc., 2000

國家圖書館出版品預行編目(CIP)資料

人身風險管理概要與考題解析 / 廖勇誠著. -- 初版. –
臺中市：鑫富樂文教, 2016.01
ISBN 978-986-88679-8-7(平裝)
1.人身保險 2.風險管理

563.74 10402715

人身風險管理概要與考題解析

作者：廖勇誠
編輯：鑫富樂文教事業有限公司編輯部
美術設計：田小蓉、郝定慧
封面攝影：林廷聰(Tyng Lin)
發行人：林淑鈺
出版發行：鑫富樂文教事業有限公司
地址：402台中市南區南陽街77號1樓
電話：(04)2260-9293　傳真：(04)2260-7762

總經銷：紅螞蟻圖書有限公司
地址：114台北市內湖區舊宗路二段121巷19號
電話：(02)2795-3656　傳真：(02)2795-4100
2016年1月15日 初版一刷
定 價◎新台幣350元

ISBN 978-986-88679-5-6
公司網站：www.happybookp.com
回饋意見：joycelin@happybookp.com